CASAMENTO
DE SUCESSO

GISELE LIMA

PREFÁCIO DE JOSUÉ GONÇALVES

CASAMENTO DE SUCESSO

6 ATITUDES PARA UM RELACIONAMENTO FORTE, SAUDÁVEL E DURADOURO

© 2024 por Gisele Cecílio Guimarães de Lima

1ª edição: maio de 2024

Revisão
Nilda Nunes
Francine Torres

Projeto gráfico e diagramação
Sonia Peticov

Capa
Julio Carvalho

Editor
Aldo Menezes

Coordenador de produção
Mauro Terrengui

Impressão e acabamento
Imprensa da Fé

As opiniões, as interpretações e os conceitos emitidos nesta obra são de responsabilidade do autor e não refletem necessariamente o ponto de vista da Hagnos.

Todos os direitos desta edição reservados à
Editora Hagnos Ltda.
Rua Geraldo Flausino Gomes, 42, conj. 41
CEP 04575-060 — São Paulo, SP
Tel.: (11) 5990-3308

E-mail: hagnos@hagnos.com.br
Home page: www.hagnos.com.br

Dados Internacionais de Catalogação na Publicação (CIP)
Angélica Ilacqua CRB-8/7057

Lima, Gisele Cecílio Guimarães de
    Casamento de sucesso: seis atitudes para um relacionamento forte, saudável e duradouro / Gisele Cecílio Guimarães de Lima. – São Paulo: Hagnos, 2024.

    ISBN 978-85-7742-515-0

    1. Casamento - Aspectos religiosos
    2. Vida cristã
    I. Título

24-1269   CDD 248.844

Índices para catálogo sistemático:
1. Casamento - Aspectos religiosos

DEDICATÓRIA

SEMPRE DEDICAREI A DEUS tudo o que tenho, tudo o que sou e o que vier a ser. A Ele sejam toda honra e toda glória para sempre! Aos meus filhos, a maior razão de todo o meu empenho para inspirar casais e ser referência não só de vida conjugal, mas de caráter, devida cristã e de ser humano para eles.

Dedico também este livro aos meus amados pais, que já ultrapassaram 60 anos de vida conjugal e tem sido uma fonte constante de inspiração e admiração para nós, seus filhos. O brilho do amor em seus olhos ainda resplandece, emocionando-nos e servindo como exemplo de um casamento de sucesso, conforme discutido nestas páginas.

SUMÁRIO

Endossos 9
Agradecimentos 11
Prefácio 13
Introdução 21

    ATITUDE 1: Defina suas convicções 31
    ATITUDE 2: Incorpore os princípios originais do casamento .. 47
    ATITUDE 3: Priorize a coisa certa 77
    ATITUDE 4: Resolva os conflitos 103
    ATITUDE 5: Valorize o relacionamento sexual 161
    ATITUDE 6: Permita que milagres aconteçam 201

Conclusão 217
Fontes consultadas e outras sugestões de leitura 220
Sobre a autora 223

ENDOSSOS

"Como psicoterapeuta e neurocientista por anos, estou impactada com a eficiência e praticidade deste livro. A sua leitura é a possibilidade de restaurar e melhorar os relacionamentos conjugais, e sem dúvida alguma, é uma ferramenta indispensável para terapeutas de casais."

Drª Rosana Alves
Neurocientista, psicóloga e palestrante internacional. Possui três pós-doutorados (Unifesp, USP e Marshall University, EUA) e é a presidente do Neurogenesis Institute (EUA).

"Sem dúvida um dos melhores livros que já li sobre o tema! É, como poucos, direto, prático, espiritual e bíblico. É fácil perceber que foi escrito por alguém com experiência com Deus e com o tema. O livro orienta e ensina o leitor a conseguir progredir em tema tão difícil quanto relevante. Aborda os pontos essenciais para o casamento de forma franca, agradável e ao mesmo tempo com clareza e profundidade. É um livro que vou querer que meus filhos leiam antes e durante o casamento deles! E eu já o estou usando para melhorar o meu! Recomendadíssimo."

Dr. William Douglas
Jurista, magistrado e escritor brasileiro, serve como desembargador federal do Tribunal Regional Federal da 2ª Região. Graduado em Direito pela Universidade Federal Fluminense (UFF) e mestre pela Universidade Gama Filho. É reconhecido por sua prolífica produção literária, abrangendo obras sobre direito, desenvolvimento pessoal, educação e cristianismo.

AGRADECIMENTOS

AO MEU ESPOSO, a quem tanto amo, respeito e admiro, por fazer que um casamento de sucesso seja uma verdade em nossa vida. Não há palavras que possam expressar o que você significa em minha vida e o quanto sou grata por tê-lo ao meu lado. Sem você, nada disso seria possível. É por você que me apaixono todos os dias.

Ao pastor Josué Gonçalves, que sempre foi uma das principais referências em ministério com famílias no Brasil e uma inspiração para minha vida. Gratidão por sua disposição e por confiar em meu ministério, dando-me a honra de prefaciar este livro, com um texto que muito superou minhas expectativas. Muito obrigada mesmo, de coração.

Aos incentivadores Marcelo da Silva, Filipe Mouzinho e Hamistelie Silva, por acreditarem neste projeto e por todo empenho em me ajudar a torná-lo realidade.

Gostaria de expressar minha gratidão à Dra. Rosana Alves, não apenas pelo seu endosso, mas também pela significativa contribuição, incentivando e apoiando-me na conclusão deste livro.

Agradeço igualmente ao Dr. William Douglas pela sua consideração e pela confiança depositada ao endossar este projeto.

PREFÁCIO

DEPOIS DE TANTOS ANOS atuando no ministério com famílias, prefaciar este livro é uma honra e satisfação incrível, pois cuidar delas é trabalho árduo. Mesmo trabalhando há quase 30 anos com essa temática, pregando várias vezes por semana, postando vídeos e conteúdos diariamente na internet, percebo que as pessoas ainda são muito carentes da verdade que tem o poder para libertar suas famílias. Quando Jesus disse "conhecereis a verdade e a verdade vos libertará" (João 8:32), trouxe-nos um entendimento magnífico, pois, ao anunciar a verdade registrada nas Escrituras, explicá-la e ilustrá-la, o Espírito Santo manifesta a sua iluminação e os cônjuges conseguem enxergar suas próprias falhas, o que lhes possibilita ser mais misericordiosos com as falhas do seu parceiro e perdoá-lo. Assim retomam a comunhão e fazem as pazes. Sim! A verdade liberta e proporciona vida por onde quer que flua.

Ao anunciar a verdade, algumas ênfases precisam ser estabelecidas.

Antes de tudo, é necessário entender que casar é decidir escrever uma história de amor digna de ser contada pelos filhos e netos. O meu casamento não se restringe ao meu relacionamento com minha esposa, mas alcança os meus filhos, netos, parentes próximos, discípulos, pastores, membros da igreja, os ouvintes da TV, os seguidores das redes sociais, e isso não tem fim! Casamento é muito mais do que um homem e uma mulher brigados ou apaixonados. Há uma implicação social poderosa que não pode ser desprezada.

Além do mais, o casamento que foi realizado diante de Deus traz consigo o Altíssimo como testemunha de uma aliança. O Senhor que fica contra quem repudia, despreza e aliena o cônjuge (Malaquias 2:14). Um Deus que é a favor da monogamia e usa o casamento como figura e representação da devoção a um só Deus. O casamento é amplo, grande, sublime e deixa marcas na geografia e no tempo. Que história os meus filhos contarão a respeito do meu casamento? Os meus netos ficarão inspirados e desejarão contrair matrimônio quando se lembrarem da união do "vô"?

Qualquer um que se case precisa enxergar que essa união foi projetada, idealizada e estabelecida pelo Criador. Para Ele, casamento é a relação amorosa entre um homem e uma mulher que, sob orientação e direção dele mesmo, manifestam publicamente o desejo de pertencerem um ao outro, até que a morte os separe. Casamento é um relacionamento pactual entre dois cônjuges e o próprio Deus. É por isso que se usa a analogia do triângulo, cuja base está embaixo e a ponta em cima. Nesta, fica Deus; naquela, o marido e sua esposa. Quanto mais perto o marido e a esposa estiverem de Deus, mais próximos estarão um do outro.

Essa realidade é importantíssima. Em um conflito conjugal, o casal, ou pelo menos um dos cônjuges, necessariamente se afasta de Deus.

Há um trecho de Malaquias em que o profeta transmite uma mensagem expressando a indignação do Criador diante dos maus-tratos e repúdios que aconteciam na nação de Israel naquela época. O texto diz:

> Ainda fazeis isto: cobris o altar do Senhor de lágrimas, de choro e de gemidos, de sorte que ele já não olha para a oferta, nem a aceita com prazer da vossa mão. E perguntais: Por quê? Porque o Senhor foi testemunha da aliança entre ti e a mulher da tua mocidade, com a qual tu foste desleal, sendo ela a tua companheira e a mulher da tua aliança [...]. Portanto, cuidai de vós mesmos, e ninguém seja infiel para com a mulher da sua mocidade.

PREFÁCIO

Porque o Senhor, Deus de Israel, diz que odeia o repúdio e também aquele que cobre de violência as suas vestes, diz o Senhor dos Exércitos; portanto, cuidai de vós mesmos e não sejais infiéis. (Malaquias 2:13-16).

Não há como prestar um culto aceitável a Deus alienado da família. Não há como estar em um ambiente de culto, cantar, ofertar para a obra de Deus, servir nos diversos ministérios na igreja-local ou oferecer ao Senhor qualquer forma de adoração se a relação conjugal está abalada, se a esposa está com a alma em carne viva, enquanto o marido, pastor, ministra a Santa Ceia, ou se a esposa está superativa no ministério, enquanto destrói o marido com palavras e atitudes. A quem age assim na família e tenta adorar a Deus, a resposta é: "Ele já não olha para a oferta, nem a aceita com prazer da vossa mão". Deus não aceita a adoração, não escuta as orações, nem recebe as ofertas de alguém que tenha ferido sua família e não tenha se arrependido. Deus está contra essas pessoas, Ele se opõe a elas quando vão cultuá-lo, tendo ferido o coração de seu cônjuge, e até agindo intencionalmente para acabar com o casamento.

Repare que a Bíblia diz que o "Senhor foi testemunha da aliança entre ti e a mulher da tua mocidade". Ele estava presente na cerimônia do casamento. Ele ouviu os votos e as promessas feitas. E Ele conhece e se identifica com a pessoa traída, ferida e desprezada. Nos dias de hoje, é possível constatar que as mulheres alcançaram muitas conquistas, mas nem sempre foi assim. Na época em que este texto foi escrito, as pessoas que mais sofriam na sociedade eram as mulheres, que eram subvalorizadas e substituídas quando ficavam mais velhas, sendo abandonadas em completa vulnerabilidade e sem direito a bens, sujeitas a sofrimento emocional, social e financeiro. Deus ouve a oração e se comove com o choro de quem sofre traição; isso porque o casamento foi idealizado por Deus, e o Senhor está profundamente envolvido com esse empreendimento, importando-se com ele mais do que a maioria imagina. Os termos usados no texto de Malaquias são fortes e precisam ecoar em nosso coração: Deus *odeia* o repúdio. Sinceramente, eu não gostaria de estar na mira do Todo-Poderoso, tendo feito algo que Ele odeia. Quem se casa precisa perceber que casamento tem um contexto sagrado, legal, público e social.

O matrimônio leva duas pessoas de sexos opostos à união mais estreita possível de se ter, nos âmbitos físico, emocional, moral, ideal e espiritual; e é um vínculo que está acima de qualquer outro relacionamento vertical. Quem se casa precisa exaltar o seu cônjuge ao lugar mais elevado, posicionando-o somente abaixo de Deus, e isso não por tempo determinado ou por alguns anos apenas, mas enquanto a vida deles durar aqui na Terra. O propósito do casamento é refletir a imagem de Deus em uma aliança indissolúvel e eterna, como a do Pai com o Filho e o Espírito Santo (Gênesis 1:27,28).

Preservar o casamento, como instituição divina, é um grande desafio para a família de hoje, e a obra que você tem em mãos é de suma importância, sendo uma ferramenta que ajudará você nesta tarefa. Poucos livros organizam um conteúdo de maneira tão eficiente (bíblico até os ossos, mas com a leveza de quem tem músculos fortes) para a prática conjugal, e poucos mostram, talvez, uma ruga ou um vinco na pele da narrativa, expondo os sinais da perseverança e de uma relação que se tornou à prova do tempo. O conteúdo aqui reunido nasceu a partir de uma relação conjugal que frutificou abundantemente antes de este livro ser gerado, tornando-se, na verdade, aquilo que dá credibilidade à autora para o escrever e o torna algo tão precioso.

Outra ênfase que não pode faltar no casamento é a decisão de mudar. Casar-se é fundir-se, amalgamar-se, abraçar, entrelaçar-se à vida de outro ser humano, absorver e ser absorvido, entrar e ceder, falar e ouvir, pedir e mudar. Uma nova identidade coletiva, uma nova característica plural se estabelece, pois, agora, não são mais dois, mas uma só carne. Preserva-se a identidade e a autonomia, porém há uma intensa dependência e prestação de contas; afinal, o cônjuge deseja o nosso desenvolvimento, uma vez que a identidade do marido e sua reputação repousam sobre o comportamento de sua esposa. Assim como também a mulher pode sofrer por ser conhecida como "a esposa do vigarista", ou pode envaidecer-se e ostentar um homem digno e admirável.

Toda decisão implica alguma perda. Se decido viajar de avião, perco a bela vista da estrada. Se decido me casar, não posso levar comigo o estilo de vida de solteiro, em que jogava bola todos os dias, passava horas no videogame, largava as roupas suadas pela casa e que vivia para si mesmo. Escolher casar-se implica perder para ganhar, "Por isso, deixa o homem pai e mãe e se une à sua mulher, tornando-se os dois uma só carne" (Gênesis 2:24). Para poder *se tornar* é preciso *deixar*. Deixar o útero, que é o lar dos pais, para nascer como cônjuge, como marido e esposa. Quando nos unimos, levamos conosco a família do cônjuge, afinal, não existe "ex-mãe", "ex-irmã", "ex-pai" ou "ex-tio". Casar-se é como comprar um CD que possui apenas uma canção que você ama, mas você tem de levar todas as outras para casa. Unir-se a alguém é também amar quem é importante para ela.

Pode parecer que a perda é maior que o ganho, mas não há prazer maior do que viver para outro ser —, lembrando as palavras do próprio Senhor Jesus: "Mais bem-aventurado é dar que receber" (Atos 20:35) —, principalmente quando essa pessoa foi cuidadosamente escolhida, em meio a esperança, abraços, sonhos e juras de amor. A expressão "bem-aventurado" significa "feliz". A verdade é que a felicidade está em dar, em ceder, em servir mais do que em receber, em se apropriar e ganhar. Por isso, o segundo mandamento nada mais é do que uma fórmula para a felicidade interior: "[...] Amarás o teu próximo como a ti mesmo" (Mateus 22:39). E quem é mais próximo do que a minha carne? Assim, o apóstolo Paulo explicitou esse mistério ao dar uma ordem maravilhosa: "[...] os maridos devem amar a sua mulher como ao próprio corpo. Quem ama a esposa a si mesmo se ama" (Efésios 5:28).

O Pai Celeste é como quem prepara um parque completo, com um brinquedo maravilhoso, leva o filho até ele e diz: "Filho, brinque muito e divirta-se". Quem é pai sabe o grande prazer que sente ao ver o filho feliz. O sorriso de uma criança enquanto brinca vale muito para os pais. A ordem para amar a esposa como ao próprio corpo é uma expressão de bondade de quem diz: "Ame essa mulher, como a si mesmo e descubra o que é curtir um casamento!". Quem ousa engolir o egoísmo e superar os conflitos pode obedecer e encontrar a felicidade do lar. Naturalmente, seu cônjuge vai pecar contra você. Não tem jeito, isso acontecerá, pois ambos são pecadores. Você precisará de ajuda para o seguir amando. Não me admira que amar o próximo como a si mesmo não seja o primeiro mandamento, mas o segundo.

O texto de Mateus 22:36,37 diz: "Mestre, qual é o grande mandamento na Lei? Respondeu-lhe Jesus: Amarás o Senhor, teu Deus, de todo o teu coração, de toda a tua alma e de todo o teu entendimento". Quando o filho ama o pai com tudo o que tem, nunca ficará desapontado e sempre terá uma provisão fresca de amor, perdão, misericórdia, humildade e paciência, elementos essenciais para quem decidiu amar o próximo e fazê-lo feliz. O casal precisa amar a Deus antes de amar um ao outro, assim, tendo o Pai como mediador, as comunicações serão arredondadas, os erros, relevados, e os escorregões, escorados.

Gisele Lima dá um show de originalidade ao organizar os materiais, de forma a dispô-los em um conteúdo agradável, leve, divertido em alguns momentos e extremamente prático. A abordagem do tema é completa, embora não seja exaustiva, e fornece elementos que, se colocados em prática, podem revolucionar a vida de qualquer casal, seja novo ou mais experiente; recém-casado ou aquele exemplo vivo de vovô e vovó que já fizeram bodas de ouro! Todos se beneficiarão com os princípios bíblicos abordados nesta obra.

Com verdades eternas, o livro *Casamento de sucesso* consegue ser extremamente atual e perfeitamente integrado com os tempos em que vivemos. Gisele não é somente uma escritora, mas uma esposa devotada e uma mãe dedicada, uma apaixonada pela família.

Seus afetos se percebem nas entrelinhas e trazem consigo o poder de inflamar o leitor com o desejo de melhorar, de crescer, de superar-se, crendo não somente em si, mas confiando no Supremo Projetista, a quem ela chama pelo nome e tem por Pai.

Os exercícios de fixação encontrados no final de cada capítulo são geniais, pois, além de consolidarem o conteúdo lido, têm o poder de mexer com o leitor, de tirá-lo da zona de conforto e de produzir uma avaliação pessoal, a fim de desafiar e encorajar. As observações seguem os exercícios e são sínteses poderosas para fixar e estabelecer no coração dos leitores as verdades aprendidas. Uma obra de arte, com *design* leve e agradável, que usa tabelas, ilustrações e outros recursos necessários para que o seu casamento seja um sucesso.

Prezado leitor e querida leitora, parabéns pela aquisição desta obra. O desafio que lhes proponho é que se sentem confortavelmente, para que se concentrem e mergulhem no maravilhoso mundo dos relacionamentos, cientes de que nele você encontrará o seu Criador e Salvador, e sendo achado nele e transformados até conseguir levar o céu para o maravilhoso universo das relações afetivas da sua casa.

Boa leitura
JOSUÉ GONÇALVES

INTRODUÇÃO

*O segredo do casamento não é a harmonia eterna [...]
O segredo, no fundo, é renovar o casamento, e não
procurar um casamento novo. Isso exige alguns cuidados
e preocupações que são esquecidos no dia a dia do casal.*

Stephen Kanitz[1]

QUEM NÃO SONHA em se casar um dia e ter um casamento de sucesso? Não acredito que alguém possa se casar pensando que aquele relacionamento não será bom, satisfatório ou que será um fracasso. Certamente, quem um dia sonhou em se casar e se casou, o fez acreditando que seria feliz e bem-sucedido em seu casamento. Ninguém em sã consciência deseja o fracasso ou o fim de seu casamento.

No entanto, algumas vezes, podemos perder o controle da situação e chegarmos a um nível tal de desgaste em nosso relacionamento conjugal que parece que as únicas alternativas possíveis são o fim do casamento ou viver de aparência em uma vida infeliz. Milhares de pessoas acreditam nessa limitação de possibilidades e impõem a si mesmas viver sob esse tipo de jugo. Pode ser que você seja uma delas.

Talvez o seu casamento esteja passando por um momento tão crítico que a situação pareça irreversível, e você está vendo este livro

---

[1] *O segredo do casamento*. Disponível em: https://blog.kanitz.com.br/segredo--casamento. Acesso em: 17 jul. 2023.

como a última alternativa para tentar reverter a situação. Se esse for o seu caso, fico feliz que você esteja tendo acesso a essa obra, pois, de fato, creio que ele tenha potencial para ajudar você e seu cônjuge a encontrarem um caminho para sair do lugar em que estão.

Pode ser que seu casamento não esteja em uma situação assim tão grave e com risco de se dissolver, mas haja uma crise instalada. Estou certa de que este material poderá contribuir de forma significativa para ajudar vocês a saírem da crise e encontrarem um lugar novo e muito melhor em seu relacionamento conjugal, podendo construir algo que ainda não tiveram até aqui.

Pode ser também que, neste momento, seu casamento nem esteja passando por uma crise, e você e seu cônjuge estejam vivendo um tempo bom e satisfatório. Talvez, você esteja apenas buscando algo para melhorar o relacionamento conjugal. Quero lhe dizer que este livro certamente poderá levá-los a alcançar a plenitude do propósito do casamento. O conteúdo aqui apresentado pode contribuir de forma relevante para levar o relacionamento de vocês a um nível ainda melhor.

Temos visto, em porcentagem cada vez maior, casamentos sendo dissolvidos. Em uma sociedade internética, o individualismo se fortalece com relacionamentos predominantemente virtuais. Vemos uma geração imediatista, que aprende a descartar "tudo" com muita rapidez. Queremos tudo do "nosso jeito" e imediatamente. Não suportamos a frustração e queremos viver sob a lei do mínimo esforço e da máxima satisfação. Nesse contexto, não há disposição para construir juntos, com empenho mútuo, um relacionamento sólido, satisfatório para ambos e duradouro.

Casada desde 1987, após ter passado por muitos momentos de alegrias e tristezas, saúde e doenças, abundância e escassez, vitórias e derrotas, e conseguir permanecer apaixonados, satisfeitos e realizados, considero o meu casamento bem-sucedido.

O que é então um casamento de sucesso? Será que é a ausência de crises ou de conflitos? Satisfação e felicidade constante? Certamente, NÃO! Casamento de sucesso não é sinônimo de perfeição

INTRODUÇÃO

e, muito menos, um relacionamento sem dificuldades ou frustrações. Também, não é apenas permanecer casados.

Casamento de sucesso é quando os cônjuges aprendem a enfrentar juntos os maus tempos e aproveitar e valorizar os bons. É estarem suficientemente firmes para superar momentos de adversidade inerentes à vida e continuarem crescendo juntos apesar das circunstâncias. É uma conquista diária a partir de uma decisão pessoal e disposição para servir. Permanecerem apaixonados, satisfeitos e realizados no casamento, independentemente dos dissabores, é, antes de tudo, algo intencional. Significa assumir determinadas atitudes que poderão colocar seu relacionamento conjugal em outro nível de satisfação.

Segundo Ziglar, em seu livro *Namorados para sempre* (p. 46), casais que buscam aconselhamento e "têm um bom relacionamento imediatamente reconhece [...] que o casamento não é uma proposta de 50% para cada parte, mas" que exige 100% deles. "O marido deve dedicar-se 100% à esposa, amá-la completamente e comprometer-se a ficar a seu lado e ser fiel. Por outro lado, a "esposa deve assumir os mesmos compromissos. Essa é a única maneira de se ter um casamento bem-sucedido" e ser capaz de se fortalecer com as dificuldades.

> Terminar um casamento, na grande maioria das vezes, não é a melhor decisão e, geralmente, é algo desnecessário.

Na minha história conjugal, tive muitos motivos para acreditar que meu casamento havia sido um grande equívoco e que o fim dele seria o melhor para todos. Pode ser que você também esteja pensando assim ou já tenha pensado isso em algum momento. É bem provável que você tenha inúmeras razões para decidir pela dissolução de seu casamento. Eu também já estive nesse lugar algumas vezes, mas escolhi não desistir. Espero que você também faça essa escolha, pois terminar um casamento, na grande maioria das vezes, não é a melhor decisão e, geralmente, é algo desnecessário.

Este livro é um manual prático que tem a intenção de conduzir pessoas para um lugar melhor em seus relacionamentos conjugais.

O meu propósito é compartilhar aqui experiência e conhecimento adquiridos na vida pessoal, em anos de estudos e advindos de 15 anos de prática profissional, atendendo como terapeuta e conselheira de casais. Ao escrever, busquei contribuir, de alguma forma, para que outros casais encontrem o caminho, a fim de conquistar o tão sonhado casamento de sucesso.

As circunstâncias, cada vez mais, estão sendo determinantes para definir o nível de comprometimento dos cônjuges e o fim de muitos relacionamentos. Entretanto, reunindo experiência pessoal e aprendizado profissional, sugiro seis atitudes que precisam ser tomadas, de forma intencional, para conquistar um casamento de sucesso, em que ambos os cônjuges estejam satisfeitos, independentemente das circunstâncias.

Como "atitude" entende-se o modo de agir ou reagir motivado por uma disposição interna ou externa. Assumir uma atitude é passar a se comportar de tal forma. Assim, minha proposta é que você assuma essas seis atitudes e permaneça comportando-se desta nova maneira. São atitudes que, um dia, eu mesma decidi tomar e que tenho me empenhado para continuar agindo dessa forma. Tenho conduzido muitos casais a entrar por esse caminho e visto os bons resultados colhidos por aqueles que têm se esforçado para permanecerem nele.

> Como "atitude" entende-se o modo de agir ou reagir motivado por uma disposição interna ou externa. Assumir uma atitude é passar a se comportar de tal forma.

O ponto de partida, ou a primeira atitude, é: *defina suas convicções*. Isso refletirá diretamente na qualidade e na durabilidade do seu relacionamento conjugal. Convicção não é apenas uma opinião, mas é o que direciona a nossa conduta. Aquilo de que você está convicto define a sua visão de mundo e o como você lida com todas as áreas de sua vida, incluindo a sua visão de casamento e a sua conduta em relação ao seu cônjuge.

A segunda atitude para um casamento de sucesso é *incorpore os princípios originais do casamento*. Considerando que este foi instituído por Deus com princípios sólidos e bem definidos que são fundamentais para o sucesso do casamento, entende-se que incorporar esses princípios de modo que eles passem a fazer parte da conduta de cada cônjuge é necessário para se alcançar um casamento de sucesso.

Uma terceira atitude necessária para conquistar um casamento de sucesso é *priorize a coisa certa*. Muitas vezes, filhos, trabalho, casa, igreja, famílias de origem e outras coisas são colocados acima do relacionamento conjugal. Isso gera um ciclo destrutivo devido a frustrações e decepções repetidas e acumuladas a partir de uma carência que vai desgastando gradativamente o casamento, podendo levar ao fim deste.

Se pudesse definir uma regra de ouro para se obter sucesso no casamento, eu apontaria o seguinte: "colocar o relacionamento conjugal no topo da lista de prioridade e mantê-lo lá". Ao fazer isso, os cônjuges farão o investimento necessário para o fortalecimento e a manutenção do relacionamento conjugal, o que afetará positivamente todas as outras áreas. Quando nos casamos, uma mudança de prioridade precisa acontecer, e com essa mudança, o cônjuge passa a ser a coisa mais importante.

A quarta atitude é *decida resolver os conflitos*. Os conflitos são inerentes aos relacionamentos, e a ausência deles não significa que haja um relacionamento saudável. Pelo contrário, é aprendendo a enfrentar e resolver os conflitos que crescemos, amadurecemos e nos fortalecemos como casal.

Duas pessoas sempre são muito diferentes uma da outra, e isso, naturalmente, gerará conflitos, que para serem resolvidos é necessário identificar e compreender as diferenças, desenvolver uma comunicação eficaz e ter disposição para perdoar continuamente. Compreender as diferenças reduz o julgamento, as cobranças, as expectativas e, consequentemente, as frustrações e decepções em relação ao outro.

A quinta atitude é *valorize o relacionamento sexual*. Somos seres sexuais. Fomos criados desta forma, com necessidades sexuais e com todo o potencial necessário para termos uma vida sexual plena. Acontece que, como tudo na vida, uma vida sexual prazerosa e satisfatória não acontece por acaso, ela precisa ser conquistada. E, mais uma vez, estamos falando de intencionalidade. Uma vida sexual satisfatória é resultado de uma decisão, seguida de empenho e investimento contínuo.

O prazer sexual mútuo não é automático, assim como será improvável ter uma vida sexual satisfatória para ambos os cônjuges se não houver liberdade e motivação para o ato sexual. A valorização intencional dessa área da vida a dois é fundamental para se conquistar de um casamento de sucesso; e, nesta publicação, farei o possível para ajudá-lo a encontrar o caminho para fazer isso.

Por fim, você acha que seu casamento chegou a um ponto em que precisa de um milagre? Então anote aí a sexta atitude: *permita que milagres aconteçam*. Na verdade, essa atitude é necessária não apenas para casais que necessitem um grande milagre de ressurreição na vida conjugal, mas também para aqueles que precisam resolver pequenos entraves do dia a dia. Um milagre não é automático, mas um processo que exige a nossa participação ativa. Creia, faça sua parte e experimente-o em sua vida e em seu casamento. Você e seu cônjuge poderão viver não apenas uma restauração, mas algo que nunca viveram antes.

Este livro não tem a intenção de apontar o certo e o errado. Embora tenha sido desenvolvido sob uma perspectiva e convicção cristã, de modo algum se pretende julgar ou discriminar e agir preconceituosamente com quem quer que seja. Pretende-se apenas apontar para um caminho que se acredita ser possível para um casamento bem-sucedido, baseando-se em experiências reais.

Os conhecimentos contidos aqui destinam-se a qualquer um que esteja passando por um tempo de crise em seu casamento (seja o primeiro, segundo, terceiro etc.) e pensa no divórcio como uma saída. Minha esperança é que você decida esperar e, antes de tomar qualquer decisão drástica, primeiro faça esse percurso. Leia todo o conteúdo deste livro, preferencialmente com seu cônjuge, se possível, e façam todos os exercícios propostos. Tenho certeza de que ele poderá ajudá-los a encontrar um caminho.

Esta obra também se destina a todos os casais que não estão em um momento de crise, mas que gostariam de melhorar ainda mais o seu relacionamento conjugal e viver a plenitude do propósito do casamento. Este material com certeza tem algo a acrescentar para levá-los a um nível de satisfação ainda maior.

Como já foi dito, esta obra é um manual prático e poderá ser utilizado de muitas formas, seja individualmente para leitura pessoal, entre o casal, em pequenos grupos de casais, em seminários, para aconselhamento etc. O meu grande desejo é que ele traga esperança e motivação; que conduza muitos casais a encontrarem o caminho para conquistar um casamento de sucesso. Não se contente com um casamento ruim ou "bom", pois Deus projetou mais do que isso para o ser humano.

No decorrer do livro, vários exercícios serão propostos. A sugestão é que sejam tiradas cópias de cada exercício para que cada cônjuge responda em folhas separadas que possam ser guardadas em uma pasta para serem revisadas periodicamente. Fazer isso é bastante relevante, porque as informações contidas nas respostas de cada exercício auxiliarão o casal nas conversas sobre qualquer assunto, o que será muito importante para ajudar a fazer uma reestruturação em todas as áreas. *Guarde-as como um tesouro*, porque, de fato, elas são.

A seguir, para iniciar, há dois exercícios propostos antes do conteúdo propriamente dito. Comece desarmando-se, para que consiga abrir seu coração com o máximo de transparência para seu cônjuge e, da mesma forma, para que seja possível ouvi-lo com empatia máxima. Façam do momento de realização dos exercícios um momento bem proveitoso, permitindo que ambos se expressem sem receio, mas com segurança. Conversem bastante!

Exercício para a **MULHER**

AVALIANDO O RELACIONAMENTO CONJUGAL

Considerando 5 como a melhor nota e 1 como a pior, marque de 1 a 5, de acordo com a forma como você avalia o seu desempenho e o de seu cônjuge, nos seguintes pontos (compare suas respostas com as de seu parceiro):

EU		CÔNJUGE
	Investimento na vida espiritual	
	Investimento no relacionamento conjugal	
	Qualidade da comunicação	
	Expressão de sentimentos	
	Capacidade de ouvir	
	Disposição para reconhecer as falhas pessoais	
	Expressão de carinho e atenção	
	Abertura e iniciativa para encontro sexual	
	Capacidade de perdoar	
	Habilidade para lidar com finanças	
	Relacionamento com as famílias de origem	
	Relacionamento com amigos	
	Equilíbrio no uso do celular e da internet	
	Relacionamento com os filhos	

Marque abaixo as alternativas que, para você, são pontos de conflitos em seu relacionamento conjugal e explique o motivo.

Respondam individualmente e, depois, troquem as folhas de resposta, deixando que o outro veja o que foi assinalado por você. Conversem a respeito de cada item marcado, buscando verdadeiramente entender o que o outro está tentando dizer, com o objetivo de se ajudarem mutuamente quanto ao que pode ser feito para melhorar. Permita que o outro se expresse com máxima transparência e sem receio. Esteja desarmado para realmente ouvir ao outro.

◯ Vida espiritual
◯ Comunicação
◯ Diferenças pessoais
◯ Expectativas não correspondidas
◯ Relacionamento sexual
◯ Finanças
◯ Trabalho

◯ Interferência de terceiros (familiares, amigos, ex-cônjuge)
◯ Filhos
◯ Celular, internet, redes sociais
◯ Outras causas. Liste a seguir.
_____
_____
_____

Exercício para o HOMEM

AVALIANDO O RELACIONAMENTO CONJUGAL

Considerando 5 como a melhor nota e 1 como a pior, marque de 1 a 5, de acordo com a forma como você avalia o seu desempenho e o de seu cônjuge, nos seguintes pontos (compare suas respostas com as de seu parceiro):

EU		CÔNJUGE
	Investimento na vida espiritual	
	Investimento no relacionamento conjugal	
	Qualidade da comunicação	
	Expressão de sentimentos	
	Capacidade de ouvir	
	Disposição para reconhecer as falhas pessoais	
	Expressão de carinho e atenção	
	Abertura e iniciativa para encontro sexual	
	Capacidade de perdoar	
	Habilidade para lidar com finanças	
	Relacionamento com as famílias de origem	
	Relacionamento com amigos	
	Equilíbrio no uso do celular e da internet	
	Relacionamento com os filhos	

Marque abaixo as alternativas que, para você, são pontos de conflitos em seu relacionamento conjugal e explique o motivo.

Respondam individualmente e, depois, troquem as folhas de resposta, deixando que o outro veja o que foi assinalado por você. Conversem a respeito de cada item marcado, buscando verdadeiramente entender o que o outro está tentando dizer, com o objetivo de se ajudarem mutuamente quanto ao que pode ser feito para melhorar. Permita que o outro se expresse com máxima transparência e sem receio. Esteja desarmado para realmente ouvir ao outro.

☐ Vida espiritual
☐ Comunicação
☐ Diferenças pessoais
☐ Expectativas não correspondidas
☐ Relacionamento sexual
☐ Finanças
☐ Trabalho

☐ Interferência de terceiros (familiares, amigos, ex-cônjuge)
☐ Filhos
☐ Celular, internet, redes sociais
☐ Outras causas. Liste a seguir.

_____
_____
_____

OBSERVAÇÕES

Os dois primeiros exercícios propostos englobam todo o conteúdo que será pontuado neste livro. Perceba como eles abordam os principais pontos de conflitos na maioria dos relacionamentos. Se identificados, compreendidos e trabalhados, esses pontos poderão resultar em um casamento de sucesso, pois é a falta da compreensão deles e a indisposição para trabalhar as questões que eles abrangem que impedem muitos casais de terem um casamento bem-sucedido.

A partir das respostas a esses dois primeiros exercícios, o casal será conduzido a começar a conversar a respeito dos principais tópicos geradores de conflito em seu relacionamento. Haverá ainda vários outros exercícios que se somarão, formando um material riquíssimo para ser trabalhado ao longo de toda a vida. Por isso, mais uma vez, insisto para que vocês montem uma pasta com todos eles e que os revisitem periodicamente.

Comecem a cultivar o hábito de conversar a respeito dessas questões, com a intenção de ouvir os sentimentos um do outro e cooperar para, juntos, encontrarem soluções para cada questão. Se houver disposição de ambos para fazer isso, a probabilidade de sucesso será grande. Quanto maior a disposição de cada cônjuge para fazer o que for preciso para que o relacionamento seja mais satisfatório para os dois, maior será a possibilidade de sucesso.

Cabe pontuar aqui, que o contrário também é verdadeiro: se não houver disposição, será difícil ter sucesso. A gravidade ou o prognóstico de cada caso está justamente no tamanho da disposição de cada cônjuge para cooperar. É totalmente possível ter um casamento saudável que seja satisfatório para ambos, mas isso não acontece com um passe de mágica! As coisas acontecem quando as fazemos acontecer. Somos nós que fazemos nosso casamento ser bem-sucedido a partir de nossas atitudes no dia a dia.

ATITUDE 1

DEFINA SUAS CONVICÇÕES

O MUNDO EM QUE VIVEMOS nos propõe viver um relativismo, em que não existe nenhuma verdade absoluta e, ao mesmo tempo, qualquer coisa pode ser a verdade, dependendo da percepção de cada um. No entanto, todos nós temos as nossas verdades absolutas, nossas convicções. Como seres humanos, precisamos de algo para nortear o nosso caminho. Quais são as suas convicções? O que norteia o seu caminho? O que determina a sua conduta? De que forma suas convicções impactam sua vida?

Por que é tão importante ter convicções bem definidas? Porque elas demonstram quem somos, ajudam-nos a decidir o que queremos e para onde iremos. Humanos que somos, precisamos dessa clareza, pois, sem ela, ficamos perdidos, soltos na vida, sendo conduzidos por valores confusos que ora nos movem para uma direção, ora para outra. Sem convicções bem definidas, seguimos como barco sem velas, levados por qualquer onda que aparece, sem saber para onde queremos e estamos indo, e sem destino definido.

É importante entender que convicção é diferente de opinião. Todos têm uma opinião sobre alguma coisa que defende em algum momento. As opiniões divergem e mudam com frequência, por isso, não têm muito certo ou errado, são apenas opiniões. Já a convicção é algo que consideramos como um padrão perfeito, é algo firme e inegociável. Aprendi com um amigo que, enquanto a opinião é algo que defendemos, a convicção é algo que nos defende. Minhas convicções podem me defender, inclusive de minhas opiniões "furadas". Ter uma boa convicção pode defender-nos de nós mesmos, pois podemos ter uma opinião hoje e, depois de algum tempo, ter uma opinião contrária à primeira.

Ao longo do tempo, em minha experiência com casais, fui percebendo que não era muito eficaz trabalhar as questões relacionadas à crise conjugal diretamente, antes de trabalhar individualmente com cada cônjuge a importância de definir suas convicções, especialmente sobre casamento. Ao perceber isso, passei a trabalhar a definição das convicções como um ponto de partida, antes de entrar em questões mais específicas sobre o relacionamento conjugal. Dessa forma, os resultados tornaram-se melhores.

Quando os cônjuges não têm convicções bem definidas, geralmente, mesmo fazendo uma intervenção nos principais pontos de conflitos do relacionamento, observa-se que o progresso não acontece como esperado. Muitas vezes, ainda persiste uma postura individualista e egoísta, uma dureza de coração. Nesses casos, os cônjuges expressam o forte desejo de ter um relacionamento satisfatório, mas não demonstram muita disposição para perdoar e lutar pelo sucesso do casamento.

Nossas convicções selecionam princípios e valores que determinarão a nossa conduta e refletirão diretamente em nosso relacionamento conjugal.

Uma verdade que precisamos admitir é que a maioria de nós não tem convicções bem definidas. Convicção é ter certeza absoluta de que algo é melhor e, portanto, passar a viver de acordo com isso. A falta de definição daquilo de que estamos convictos nos leva a ser conduzidos por conceitos que ouvimos aqui e ali, sem prestar muita atenção para onde eles estão nos levando.

> Quem tem convicções bem definidas, naturalmente, empenha-se para reproduzir em sua vida aquilo de que diz estar convicto, pois não tem dúvida de que é o melhor a se fazer. Se você diz estar convicto de algo mas não vive de acordo com isso, você está sendo incoerente.

Quem tem convicções bem definidas, naturalmente, empenha-se para reproduzir em sua vida aquilo de que diz estar convicto, pois não tem dúvida de que é o melhor a se fazer. Se você diz estar convicto de algo mas não vive de acordo com isso, você está sendo incoerente. Precisamos ter convicções bem definidas, de forma que elas se reflitam em nosso modo de viver, em especial, na nossa vida conjugal.

NOSSAS CONVICÇÕES DEFINEM O TIPO DE CASAMENTO QUE TEREMOS

"Andarão dois juntos, se não houver entre eles acordo?" (Amós 3:3).

Suas convicções afetam diretamente a sua visão sobre casamento e a forma como você se relaciona com seu cônjuge. Suas convicções o levam a escolher um projeto a seguir para construir seu casamento; mostram a direção e dão clareza de onde quer chegar; definem os princípios que fundamentarão essa construção e a sustentarão para permanecer bem.

Se, por exemplo, você diz estar convicto de que Deus existe e criou o homem à imagem e semelhança dele, para ter um relacionamento real com Ele, espera-se que você busque esse relacionamento.

Muitos conflitos conjugais são gerados pelo fato de os cônjuges não terem suas convicções bem definidas e também por terem convicções distintas. Quando os cônjuges têm convicções claras e as compartilham, eles terão uma mesma visão de casamento, caminharão para a mesma direção, pois querem chegar ao mesmo lugar. *Um casal pode ter diferentes opiniões sobre qualquer coisa, mas precisam ter convicções semelhantes sobre casamento.*

Uma pessoa com convicções estabelecidas tem padrões firmes de conduta; uma pessoa que está sempre alterando seus padrões de conduta de acordo com a influência do meio em que está inserida ou de pessoas com as quais convive demonstra não ter ideais firmes. Isso certamente refletirá no tipo de relacionamento conjugal que ela terá, pois afetará diretamente em sua conduta em relação ao seu cônjuge.

Entre os principais pontos de conflito no relacionamento conjugal está a convicção espiritual divergente. A Bíblia faz uma advertência clara aos cristãos, para que não se ponham em jugo desigual, unindo-se a alguém com convicções espirituais diferentes das suas (2Coríntios 6:14). Podemos entender que um jugo desigual vai mais além de que apenas um cônjuge ser cristão e o outro não. Um jugo desigual também pode ser quando um cônjuge tem convicções bem definidas e o outro não. Nesse caso, um cônjuge tenta viver o que crê e o outro não, e, por isso, não há uma boa comunhão entre eles.

Ao falar de uma convicção cristã, não estou me referindo a alguma religião, mas, sim, a um relacionamento genuíno com Jesus, o Cristo. Pertencer a uma determinada religião não levará seu casamento ao sucesso, mas seguir princípios claros e sólidos, gerados a partir de uma convicção de um relacionamento com Deus e a sua palavra, vividos de forma prática, irá fazê-lo sim. O compromisso e o empenho para viver sua convicção podem, sim, levá-lo(a) a alcançar sucesso em seu casamento e em sua vida como um todo. Faça isso, e obtenha o êxito que deseja em seu casamento. Só depende de você!

A partir de uma convicção cristã, que conceito de Deus cada cônjuge tem? Que tipo de relacionamento cada cônjuge cultiva pessoalmente com Deus? O que cada um crê a respeito da Bíblia? O quanto essas convicções se refletem na vida prática de cada cônjuge? O que significa, para cada cônjuge, seguir a Cristo? E o quanto tudo isso aparece na forma como cada cônjuge se comporta em relação ao outro?

As respostas a essas perguntas determinarão que tipo de relacionamento conjugal um casal poderá ter. Depois que essas questões estiverem bem definidas para cada cônjuge, ficará mais simples trabalhar as questões específicas referentes à convivência conjugal. Ter uma convicção cristã bem definida é ter uma visão de casamento para a vida toda, que permanecerá bem e firme até que a morte os separe, sustentada por princípios sólidos e, principalmente, por uma relação de fidelidade com Deus.

> Ter uma convicção cristã bem definida é ter uma visão de casamento para a vida toda, que permanecerá bem e firme até que a morte os separe, sustentada por princípios sólidos e, principalmente, por uma relação de fidelidade com Deus.

Se dizemos ter convicção de que somos cristãos, teremos de levar uma vida cristã genuína, condizente com essa convicção, e vale ressaltar que isso é bem mais do que ser membro de uma igreja local. A palavra "cristão" deriva de "Cristo". Não é sobre espiritualidade, mas, sim, sobre ter um relacionamento real e genuíno com Jesus, o Cristo. Ser cristão está relacionado a ser imitador de Cristo. Existem muitas pessoas que dizem ter convicções cristãs, mas que, na verdade, estão apenas ligadas a determinadas instituições religiosas, cumprindo ritos religiosos que não produzem efeitos em sua vida cotidiana, especialmente no que tange à vida conjugal.

Em resumo, o que caracteriza um cristão convicto é ter como alvo ser a cada dia mais parecido com Cristo. É tentar fazer tudo como Ele faria. Estar focado em servir, não em ser servido; ser compassivo, perdoar continuamente, amar incondicionalmente. É ter um relacionamento íntimo com Deus a partir de uma vida de oração. Buscar fazer tudo conforme a Bíblia relata, buscando agradar ao Senhor. Parece impossível, não é? E é mesmo. É impossível para nós, humanos, mas, pela capacitação divina, é perfeitamente possível, daí a importância de nos empenharmos constantemente para isso, agindo como quem tem convicções cristãs bem firmadas.

Jesus ensinou que definir convicções é uma questão de prática, é reproduzir na vida aquilo de que se está convicto e, assim, o sucesso acontecerá. Ele não disse que seria fácil. O que ele afirmou foi que as adversidades estariam presentes, mas aqueles que tivessem ideais bem definidos (que praticam o que creem ser o padrão perfeito) passariam pelas "tempestades" e permaneceriam de pé. Veja o trecho bíblico a seguir:

> Todo aquele, pois, que ouve estas minhas palavras *e as pratica* será comparado a um homem prudente que edificou a sua casa sobre a rocha; e caiu a chuva, transbordaram os rios, sopraram os ventos e deram com ímpeto contra aquela casa, que não caiu, porque fora edificada sobre a rocha. E todo aquele que ouve estas minhas palavras *e não as pratica* será comparado a um homem insensato que edificou a sua casa sobre a areia; e caiu a chuva, transbordaram os rios, sopraram os ventos e deram com ímpeto contra aquela casa, e ela desabou, sendo grande a sua ruína (Mateus 7:24–27; leia também Tiago 1:22–25).

Deus nos ensina a importância de termos convicções bem definidas para não sermos levados de um lado para o outro, conduzidos por valores sociais confusos que podem nos levar ao fracasso. Se não tivermos nossos ideais bem firmados, corremos sério risco de ser confundidos, e até atraídos, pelo que nos é "lícito" e deixar de fazer o que, de fato, nos convêm e que nos levará ao sucesso. De nada adianta dizer que temos convicção de que os princípios de Deus são o padrão perfeito, mas vivermos um relacionamento conjugal nos padrões que a sociedade propõe.

> Todas as coisas me são lícitas, mas nem todas convêm; todas as coisas são lícitas, mas nem todas edificam. Portanto, quer comais, quer bebais ou façais outra *coisa* qualquer, fazei tudo para glória de Deus (1Coríntios 10:23,31).

Vida cristã é vida com Cristo, em Cristo e para Cristo. Ser cristão convicto é seguir e servir a Cristo. Significa imitá-lo, afinal, queremos ser como Ele e fazer o que Ele fez e ensinou. É bem mais que seguir e cumprir regras ou doutrinas, é seguir alguém com princípios e valores bem definidos. Um dos segredos de um casamento de sucesso é sermos parecidos com Jesus Cristo. Quanto mais parecidos com Cristo cada cônjuge for, maior a possibilidade de terem um casamento saudável e satisfatório.

Um imitador de Cristo convicto não tem prazer na vingança, ele retribui o mal com o bem, perdoa quantas vezes forem necessárias, promove a paz, olha para o outro com compaixão e busca amá-lo incondicionalmente. Essa é a visão de casamento de que tem convicções cristãs bem definidas. Esse é o tipo de casamento condizente com uma vida cristã genuína.

Seja um imitador de Jesus Cristo no seu relacionamento conjugal. Ao lidar com o seu cônjuge, faça o que Jesus faria. Ao olhar para seu cônjuge, olhe para ele como Jesus olharia. Se tivermos essa convicção e nos esforçarmos para viver dessa maneira, nosso relacionamento conjugal alcançará outro nível de satisfação.

> Um dos segredos de um casamento de sucesso é sermos parecidos com Jesus Cristo. Quanto mais parecidos com Cristo cada cônjuge for, maior a possibilidade de terem um casamento saudável e satisfatório.

Sedes meus imitadores, como também eu sou de Cristo (1Coríntios 11:1).

O QUE SIGNIFICA DEUS FAZER PARTE DO CASAMENTO

Ter uma convicção cristã bem definida significa que Deus faz parte de sua vida e visão. O casamento foi instituído por Deus com princípios sólidos. Deus não apenas o instituiu, mas, desde o princípio, desejou e fez questão de participar dele de forma ativa e presente na vida de cada cônjuge e do matrimônio firmado por eles. Ao criar o homem e a mulher e após uni-los, Deus os visitava todos os dias. Convivia com eles. Fazia parte de suas vidas continuamente. O pastor e escritor Luciano Subirá costuma dizer, em suas pregações a respeito do anseio de Deus por ter comunhão com os seres humanos recém-criados, que Deus sequer respeitou a lua de mel deles, tamanho o desejo de fazer parte da união recém-estabelecida.

Há uma passagem bíblica, em Eclesiastes 4:9-12, que afirma:

Melhor é serem dois do que um, porque têm melhor paga do seu trabalho. Porque se caírem, um levanta o companheiro; ai, porém, do que estiver só; pois, caindo, não haverá quem o levante. Também, se dois dormirem juntos, eles se aquentarão; mas um só como se aquentará? Se alguém quiser prevalecer contra um, os dois lhe resistirão; *o cordão de três dobras não rebenta com facilidade* (grifo da autora).

Embora esse não seja um texto específico sobre casamento, pode ser muito bem aplicado a esse contexto. Aprendemos que é melhor serem dois do que um e que o cordão de três dobras não se quebra tão depressa (ou facilmente). Então, na verdade, serem três é melhor ainda do que serem dois, desde que essa terceira "dobra" seja Deus. Seria a força extra que transcende os limites humanos dos cônjuges, fortalece e sustenta a união.

Deus fazer parte do casamento significa justamente Ele ser essa terceira dobra do cordão que será a força adicional necessária para que não venha a se romper.

E o que é preciso fazer para que Deus venha fazer parte do relacionamento conjugal?

Trazendo Deus para dentro do casamento de forma intencional. Ter um relacionamento real com Deus e permitir a participação contínua dele no casamento é a maneira de o casal ter e desfrutar a intervenção divina. Isso poderá evitar que o casamento chegue a uma situação extrema e impedir seu rompimento. Trazer Deus para dentro do casamento significa buscar a presença de dele e sua orientação continuamente.

Ter uma aliança primeiro com Deus. Que haja uma aliança firmada entre Deus e cada cônjuge, antes da aliança entre o casal. Deus nos capacita a lutar para manter e preservar a aliança que fizemos primeiramente com Ele, entendendo que o matrimônio não é apenas o compromisso de um cônjuge com o outro, mas, acima disso, um compromisso de ambos com Deus, individualmente e como casal. Desse modo, Ele será uma fonte de intervenção e provisão na vida e no casamento, pois ambos os cônjuges estão convidando o Senhor a estar presente não só na cerimônia, mas em todo tempo. Este é o melhor caminho: reconhecer que precisamos da presença de Deus para sermos bons cônjuges.

> Se não for o Senhor o construtor da casa, será inútil trabalhar na construção. Se não é o Senhor que vigia a cidade, será inútil a sentinela montar guarda. Será inútil levantar cedo e dormir tarde, trabalhando arduamente por alimento. O Senhor concede o sono àqueles a quem ama (Salmos 127:1-3).

Fazer de Deus a referência principal de amor e de conduta. Tornar-se imitador de Jesus Cristo é fazer de Deus a terceira dobra, a força extra infindável no casamento. Ter Jesus como referência de amor e conduta é aprender a ceder, é dar a outra face; andar a segunda milha e dar também a túnica. É seguir o padrão de amor e de perdão de Deus. Se tivermos convicção disso, a ponto de nos empenharmos para viver essa verdade em nosso relacionamento conjugal, haverá grande possibilidade de sucesso.

> Darei a vocês um coração novo e porei um espírito novo em vocês; tirarei de vocês o coração de pedra, e lhes darei um coração de carne (Ezequiel 36:26).

Firmando um compromisso primeiro com Deus e depois com o cônjuge, fazendo do Senhor nossa referência de amor e de conduta, com convicção e não apenas de palavras, é muito provável que nosso casamento não vá se quebrar, como vemos acontecer com muita frequência. Que isso seja uma convicção em sua vida e que você se esforce todos os dias para a praticar em seu casamento. Tenho certeza de que seu relacionamento será fortalecido o suficiente para permanecer firme e prevalecer diante das dificuldades da vida.

O ÚNICO TRIÂNGULO AMOROSO QUE DÁ CERTO

Sem a presença de Deus intervindo e sendo nosso referencial de conduta no casamento, será improvável viver a plenitude do propósito divino. Mesmo que um casal nunca se divorcie, viverá uma vida conjugal aquém do plano de Deus. Mesmo que pareça em uma ótima relação matrimonial, aos olhos humanos, ainda estará distante do que poderia ser dentro do que Deus sonhou.

Quanto mais próximos de Deus estiverem os cônjuges, mais próximos um do outro estarão. Quanto mais genuíno for o nosso relacionamento com Cristo, maior capacidade teremos de ter um relacionamento conjugal saudável. Certamente, o fruto do Espírito se manifestará em nossas atitudes, e estaremos prontos a amar e perdoar nosso cônjuge como Cristo nos ama e nos perdoa.

DEUS

ESPOSO **ESPOSA**

> Mas o fruto do Espírito é amor, alegria, paz, paciência, amabilidade, bondade, fidelidade, mansidão e domínio próprio. Contra essas coisas não há lei (Gálatas 5:22,23).

Se tivermos convicções bem definidas sobre o que é ser cristão e formos cristãos convictos, vivendo na prática os princípios que Cristo ensinou, tudo ficará mais simples, possibilitando-nos resolver as questões conjugais de forma mais eficaz. Ter convicções semelhantes, sem dúvida, ajuda muito; uma só fé, um só Senhor e um só espírito. Compartilhar os mesmos valores e princípios é fundamental.

Quando os cônjuges vivem uma vida cristã genuína, como imitadores de Cristo, focados em servir um ao outro em vez de querer ser servidos e tendo uma vida de oração, orando diariamente um pelo outro e um com o outro, haverá proximidade entre eles, a intimidade aumentará, gerando cumplicidade e fortalecendo o amor. Dessa forma, terão um casamento sólido, capaz de permanecer de pé em meio às turbulências da vida.

Quando os cônjuges têm convicções semelhantes a respeito do que é ser um cristão, há concordância de princípios. O jugo passa a ser igual, e a caminhada fica mais leve e mais fácil, pois ambos concordam em trazer Deus de forma intencional para o casamento. Eles passam a buscá-lo não apenas pessoalmente, mas juntos. Deus passa a fazer parte da relação conjugal, e o casal se fortalece no Senhor e apoiam um ao outro.

O casamento de quem tem convicções cristãs bem definidas se faz com ajuda do Espírito Santo e não somente na força do próprio braço ou da mente. Se amarmos a Deus acima de todas as coisas, seremos capazes de amar e respeitar plenamente o nosso cônjuge, porque o amor do Senhor fluirá em nós. Nossas convicções precisam ser vistas na nossa conduta, especialmente em nossa vida conjugal. Se assim não for, de nada valerão e não terão nenhum efeito.

As próximas atitudes para um casamento de sucesso sugeridas neste livro são fundamentadas em uma firme convicção de que existe um Deus criador de todas as coisas, o qual criou o homem à sua imagem e semelhança, a fim de se relacionar com ele. Esse Deus deixou-nos um manual escrito para que tivéssemos o conhecimento de sua existência e de todos os princípios que precisamos para ter uma vida plena.

Tais atitudes se baseiam na convicção de que Deus instituiu o casamento com o propósito de ser uma benção, com princípios originais, claros e sólidos que estão descritos na Bíblia (o manual) e que, se praticados, nos possibilitará conquistar um casamento de sucesso. Portanto, se você não tiver essa convicção, é possível que as próximas atitudes, de início, não façam muito sentido para você.

Entretanto, mesmo que você não tenha essa mesma convicção, eu o convido a ir até o final na leitura deste livro, examinando o conteúdo em sua totalidade antes de chegar a uma conclusão. Permita-se fazer esse percurso, experimentando todo o conteúdo e fazendo todos os exercícios.

CONEXÃO LITERÁRIA
Derrubando mitos

Para se tornar um agente eficaz de mudança positiva em seu casamento, é crucial desafiar e rejeitar quatro mitos amplamente aceitos. Aqueles que se deixam envolver por essas falsas noções inadvertidamente contribuem para o problema em vez de fazer parte da solução:

- *Não é o ambiente que define meu estado mental.* Alguma vez você já caiu na cilada de atribuir sua felicidade ao comportamento do seu cônjuge?
- *Pessoas são incapazes de mudar.* Já se sentiu desencorajado ao acreditar que seu parceiro nunca irá alterar comportamentos problemáticos?
- *Em um casamento em crise, tenho apenas duas opções: aceitar a infelicidade ou desistir do relacionamento.* Muitos estão aprisionados nesse pensamento limitado, esquecendo-se das possibilidades além dessas duas alternativas.
- *Algumas situações são irreparáveis, e a minha é uma delas.* Acreditar nesse mito é subestimar seu próprio potencial e alimentar uma atitude derrotista que sufoca qualquer motivação positiva.

Fortaleça seu casamento ao abandonar esses equívocos e encarar a verdade:

- O ambiente NÃO determina meu estado mental.
- Pessoas PODEM mudar.

- Em um casamento em crise, NÃO estou restrito a apenas duas opções.
- Minha situação TEM solução.

Adaptação livre do livro *Castelo de cartas*, de Gary Chapman, p. 21 e 237.

Exercício para a MULHER

Responda com "sim" ou "não" e veja o quanto você vive suas convicções

- [ ] Você crê que há um Deus, soberano, que criou o Universo e fez o homem à sua própria imagem? Acredita que esse Deus falou aos homens?
- [ ] Você crê que TUDO que está na Bíblia é revelação de Deus e que, por isso, ela direciona todas as suas escolhas e condutas?
- [ ] Jesus Cristo é sua referência e você tenta se parecer com Ele?
- [ ] Jesus, ao ser injustiçado, perseguido, açoitado e condenado à morte de cruz, orou pedindo a Deus que perdoasse. Você está disposta a perdoar no padrão de Jesus?
- [ ] As pessoas à sua volta podem dar testemunho de que você ama a Deus e está pronta a obedecer-lhe em TUDO?
- [ ] O que as pessoas mais próximas dizem sobre suas atitudes no dia a dia? Elas percebem os princípios bíblicos na forma como você conduz a sua vida?
- [ ] As pessoas que convivem com você diariamente podem ver as características dos frutos do Espírito em seu estilo de vida (amor, alegria, paz, paciência, mansidão, bondade, fidelidade, humildade e domínio próprio)?
- [ ] Sua família consegue ver que você se relaciona intimamente com Deus pela forma que você os ama na prática?
- [ ] Você é a mesma pessoa em casa, na igreja e em qualquer outro lugar?
- [ ] Quem está perto de você pode sentir o amor e a presença de Jesus Cristo em você?
- [ ] Você tem sido paciente e compassiva com seu cônjuge e família? O que eles diriam?
- [ ] Você tem convicção no que crê ou alguns "novos" conceitos a têm levado a reconsiderar algumas coisas que a Bíblia diz?
- [ ] Você tem aceitado alguns padrões atuais de conduta porque os tempos mudaram e é preciso se atualizar?
- [ ] Você está disposta a perseverar no amor, até o fim, assim como Jesus fez por você?
- [ ] Deus tem podido moldar a sua vida por meio de seu casamento e de sua família?
- [ ] Você está disposta a servir, a ser a menor, a amar e perdoar, a andar a segunda milha, a dar a outra face, a não julgar o seu próximo, como Cristo ensinou?

Esse exercício é uma reflexão, especialmente para aqueles que dizem ter ideais bem definidos sobre o Deus da Bíblia e a respeito de tudo o que a Bíblia diz. Se, de fato, houver uma convicção sólida dessas questões, naturalmente, haverá um empenho pessoal para reproduzir tais conceitos e valores na vida prática. Talvez suas convicções não estejam tão claras ou bem definidas, pois é possível que você pense estar convicto do que crê, mas, na verdade, não esteja. Se não há um empenho para viver isso na prática, então pode ser que seja apenas uma opinião ou algo com que você concorde que possa ser o melhor a se fazer. É preciso ter suas convicções bem definidas, de modo que haja um esforço pessoal para que elas se tornem uma realidade e sejam percebidas na sua conduta e nos seus relacionamentos.

Exercício para o HOMEM

Responda com "sim" ou "não" e veja o quanto você vive suas convicções

- [ ] Você crê que há um Deus, soberano, que criou o Universo e fez o homem à sua própria imagem? Acredita que esse Deus falou aos homens?
- [ ] Você crê que TUDO que está na Bíblia é revelação de Deus e que, por isso, ela direciona todas as suas escolhas e condutas?
- [ ] Jesus Cristo é sua referência e você tenta se parecer com Ele?
- [ ] Jesus, ao ser injustiçado, perseguido, açoitado e condenado à morte de cruz, orou pedindo a Deus que perdoasse. Você está disposta a perdoar no padrão de Jesus?
- [ ] As pessoas à sua volta podem dar testemunho de que você ama a Deus e está pronto a obedecer-lhe em TUDO?
- [ ] O que as pessoas mais próximas dizem sobre suas atitudes no dia a dia? Elas percebem os princípios bíblicos na forma como você conduz a sua vida?
- [ ] As pessoas que convivem com você diariamente podem ver as características dos frutos do Espírito em seu estilo de vida (amor, alegria, paz, paciência, mansidão, bondade, fidelidade, humildade e domínio próprio)?
- [ ] Sua família consegue ver que você se relaciona intimamente com Deus pela forma que você os ama na prática?
- [ ] Você é a mesma pessoa em casa, na igreja e em qualquer outro lugar?
- [ ] Quem está perto de você pode sentir o amor e a presença de Jesus Cristo em você?
- [ ] Você tem sido paciente e compassivo com seu cônjuge e família? O que eles diriam?
- [ ] Você tem convicção no que crê ou alguns "novos" conceitos a têm levado a reconsiderar algumas coisas que a Bíblia diz?
- [ ] Você tem aceitado alguns padrões atuais de conduta porque os tempos mudaram e é preciso se atualizar?
- [ ] Você está disposto a perseverar no amor, até o fim, assim como Jesus fez por você?
- [ ] Deus tem podido moldar a sua vida por meio de seu casamento e de sua família?
- [ ] Você está disposta a servir, a ser a menor, a amar e perdoar, a andar a segunda milha, a dar a outra face, a não julgar o seu próximo, como Cristo ensinou?

Esse exercício é uma reflexão, especialmente para aqueles que dizem ter ideais bem definidos sobre o Deus da Bíblia e a respeito de tudo o que a Bíblia diz. Se, de fato, houver uma convicção sólida dessas questões, naturalmente, haverá um empenho pessoal para reproduzir tais conceitos e valores na vida prática. Talvez, suas convicções não estejam tão claras ou bem definidas, pois é possível que você pense estar convicto do que crê, mas, na verdade, não esteja. Se não há um empenho para viver isso na prática, então pode ser que seja apenas uma opinião ou algo com que você concorda que possa ser o melhor a se fazer. É preciso ter suas convicções bem definidas, de modo que haja um esforço pessoal para que elas se tornem uma realidade e sejam percebidas na sua conduta e nos seus relacionamentos.

YOUTUBE DA GISELE
@GiseleLima

Aponte seu celular para o QR code e acesse orientações valiosas para fortalecer e revigorar seu relacionamento conjugal.

Deus já faz parte do seu casamento?
https://youtu.be/t7_2fJ0bBBw?feature=shared

Qual o ponto de partida para um casamento de sucesso?
https://youtu.be/2aXLPzeUNIU?feature=shared

Casamento inabalável
https://youtu.be/SoFHOyuPHuQ?feature=shared

Jugo desigual aqui não
https://www.youtube.com/live/7DRNi04xhjM?feature=shared

ATITUDE 2

INCORPORE OS PRINCÍPIOS ORIGINAIS DO CASAMENTO

VIVEMOS TEMPOS em que nossas convicções estão sendo fortemente confrontadas. Os conceitos de casamento e família estão bastante confusos, e falar sobre casamento a partir de uma convicção bíblica é bastante desafiador e exige grande esforço, pois significa trilhar o caminho oposto aos princípios sociais atualmente propostos. No entanto, temos a certeza de que os princípios bíblicos são sólidos e de que sobre esse fundamento é possível estabelecer limites seguros e conquistar um casamento de sucesso. Incorporar esses princípios é seguir o projeto de sucesso que Deus deixou para nós.

O uso do termo "incorporar" não é por acaso. Não é suficiente ter conhecimento a respeito desses princípios, concordar com eles ou até achar que eles representem o melhor a ser feito. É preciso incorporá-los para que, de fato, tenham efeito em nossa vida pessoal e conjugal. "Incorporar" significa "passar a fazer parte", ou seja, "começar a agir de tal forma". É sinônimo de "assimilar", que quer dizer "entender por completo", e também é o mesmo que "consolidar", ou seja, "fazer que se torne firme e estável". Incorporarmos esses princípios não apenas por cremos que eles sejam o certo ou o melhor a se fazer, mas o fazemos para que eles passem a fazer parte de nós; passamos a agir em conformidade com esses princípios, e o fazemos de forma firme e estável.

QUANDO, COMO E POR QUE O CASAMENTO FOI INSTITUÍDO?

Se tivermos uma convicção cristã bem definida, é esperado que também tenhamos uma visão cristã de casamento. Acreditaremos que o casamento foi instituído por Deus no momento da criação e, a partir dessa convicção, olharemos para ele como Deus olha, o que é muito importante. Deus percebeu que não era bom que o homem estivesse só e fez a mulher com o propósito de que ela fosse algo bom, para que o casal se complementasse e fosse realizado, tendo o matrimônio como uma bênção para ambos (Gênesis 2:18,25). O próprio Jesus, ao ser indagado pelos fariseus a respeito da possibilidade de dissolução do casamento, citou as Escrituras para resgatar os princípios originais estabelecidos por Deus para o casamento. Ele disse que:

> Mas no princípio da criação Deus os fez homem e mulher. Por esta razão, o homem deixará pai e mãe e se unirá à sua mulher, e os dois se tornarão uma só carne. Assim, eles já não são dois, mas sim uma só carne. Portanto, o que Deus uniu, ninguém o separe (Marcos 10:6–9).

De acordo com os princípios originais do casamento, Deus o instituiu para ser:

- *Heterossexual*. Entre um homem e uma mulher.
- *Monogâmico* (v. 7). "... se unirá à sua mulher". Uma única mulher ou único marido. Um preceito também moral,

previsto na lei em Êxodo 20:14,17, que ordena: "Não adulterarás" e "[...] não cobiçarás a mulher do teu próximo". Em 1Coríntios 7:2, Paulo amplia, incluindo a mulher, quando disse: "[...] cada um tenha sua própria esposa, e cada uma, o seu próprio marido". Portanto, esse é um princípio bíblico, moral e cristão.

- *Tempo de maturidade.* "Deixará pai e mãe" o principal princípio do casamento é o deixar. É o tempo de sair do ninho e assumir a própria vida e construir uma nova família. É preciso acontecer uma mudança de prioridade na qual o cônjuge passa a ser a prioridade máxima. Se isso não acontece, o casamento estará em risco. Veremos essa questão com detalhes mais à frente.
- *Com funções bem definidas.* Esse é um princípio fundamental, mas tem sido distorcido e considerado ultrapassado. A falta de clareza do papel da esposa e do esposo tem levado muitos casamentos à ruína. Por isso, adiante conversaremos mais sobre isso.
- *A relação mais íntima.* Unirem-se e tornarem-se uma só carne (v. 8). Um só, uma só pessoa. Esse é um princípio de pertencer. Significa compartilhar todas as coisas, mas, principalmente, o aspecto físico, sexual. Não há nada mais íntimo do que compartilhar com o outro o próprio corpo, o que temos de mais privado e pessoal. Fica implícito o princípio de que *o sexo é para ser desfrutado dentro do casamento*. Primeiro, deixam pai e mãe, ou seja, assumem um compromisso, casam-se, e, depois, tornam-se uma só carne (sexo).
- *Indissolúvel* (v. 9). "Portanto, o que Deus uniu ninguém o separe." Significa que não pode ser desatado. Muito cuidado com a frase: "Não foi Deus que uniu". Às vezes, isso é usado como justificativa para desfazer um casamento, mas, não é assim tão simples. O matrimônio é uma dupla aliança e isso será melhor explicado mais adiante. O propósito de Deus para o casamento é que ele seja uma aliança indissolúvel.

- *Transparência total*. Gênesis 2:25 menciona que Adão e Eva estavam nus e não se envergonhavam. O princípio da transparência implica uma nudez total de corpo, alma e espírito. Quando não há transparência plena entre os cônjuges, a desconfiança é instalada e produz insegurança e uma necessidade de controle sobre o outro. Isso gera muitos conflitos, brechas são abertas, permitindo a ação de Satanás. A cura e a solução estão na verdade, na clareza, na luz. Tudo que se traz para a luz é retirado do domínio das trevas.
- *Digno de honra e sem mácula* (Hebreus 13:4). Deus espera que o matrimônio seja respeitado e honrado, pois é algo que Ele instituiu e defende. Por isso, Ele nos apoia na manutenção de nosso casamento. Esse é um princípio de fidelidade e pureza, o que implica ter um casamento sem infidelidade e livre também de toda imoralidade sexual. Essa questão será melhor abordada depois.
- *Lugar de deleite (físico, emocional e espiritual)*. Provérbios 5:18,19 diz: "Seja bendita a sua fonte! Alegre-se com a esposa da sua juventude [...] que os seios de sua esposa sempre o fartem de prazer, e sempre o embriaguem os carinhos dela". Em Provérbios 18:22, lemos: "Quem encontra uma esposa encontra algo excelente; recebeu uma bênção do Senhor". Em Eclesiastes 9:9 está escrito: "Desfrute a vida com a mulher a quem você ama, todos os dias desta vida [...]; pois essa é a sua recompensa na vida pelo seu árduo trabalho debaixo do sol". Tornar isso uma realidade depende de nós. Se incorporarmos os princípios de Deus para o casamento, isso será mais provável.

O propósito de Deus é que o casamento seja algo prazeroso e edificante, porém, muitas vezes, não é o que ocorre. Pelo contrário, torna-se lugar de muito sofrimento. Deus deu ao homem o livre-arbítrio para tomar suas decisões. No casamento, cada um entra como e quando quer; por isso, é responsabilidade de cada um fazer suas escolhas e assumir as consequências delas. Deus apenas requer que nossa escolha se restrinja a alguém que também tenha aliança com Ele, mas a escolha é de cada um, assim como o compromisso de fazer o matrimônio funcionar, para que seja agradável, satisfatório e duradouro.

Aliança *versus* Contrato

De acordo com os princípios originais do casamento, Deus o instituiu para ser uma aliança entre os cônjuges e destes com Ele. Nos dias atuais, os casamentos estão sendo conduzidos mais como contratos, e não como alianças, como deveriam ser. Um casamento fundamentado em aliança é bem diferente daquele conduzido como um contrato. Dentre as principais diferenças entre um casamento por contrato e um por aliança temos as seguintes:

CONTRATO	ALIANÇA
Um acordo entre duas partes, revogável e dissolúvel, dependendo do não cumprimento de uma das partes.	Um compromisso irrevogável, indissolúvel entre três partes (os cônjuges e Deus), válido até que a morte os separe, independentemente do que acontecer.
Prevalecem regras, condições e consequências.	Prevalece a liberdade consciente e as consequências são assumidas.
A base é direitos e deveres.	A base é honrar e servir.
Obrigação de cumprir. Estabelece julgamento, punição e exclusão.	Voluntária e livre. Estabelece amor, compreensão e perdão.
Firmado na assinatura reconhecida, diante de homens.	Firmada no pacto de votos e juramento diante de Deus e de homens.
Para interesses próprios.	Para benefícios de todos.
Apenas com força e recursos próprios.	Com força e recursos próprios e a ajuda de Deus.
Não se sustenta. Em algum momento vai se quebrar.	Se sustenta no compromisso de fidelidade a Deus e ao outro.
Instituição humana/social.	Instituição divina.
Busca realização no outro e se beneficia do outro.	Busca realização em Deus e procura beneficiar o outro.
Não aceita a confrontação.	Aceita a confrontação para melhorar.

Deus trata o casamento como uma dupla aliança que os cônjuges firmam primeiramente com Ele e, depois, entre si, em um profundo nível de compromisso e fidelidade. Deus, por meio do profeta Malaquias, referiu-se ao casamento como sendo uma aliança entre o homem e a sua mulher, da qual Ele é testemunha.

> Porque o Senhor foi testemunha da aliança entre ti e a mulher da tua mocidade, com a qual tu foste desleal, sendo ela a tua companheira e a mulher da tua aliança (Malaquias 2:14).

Os votos são muito valorizados por Deus. De acordo com a Bíblia, não se pode banalizar um juramento, ou voto feito, mas toda promessa deve ser mantida (Salmos 15:4; Eclesiastes 5:4,5; Mateus 5:37). Esse é mais um princípio que merece ser resgatado e incorporado ao casamento, pois fará grande diferença para se conquistar um relacionamento conjugal sólido e duradouro. Onde houver um casamento, Deus estará como testemunha da aliança firmada diante dele e dos homens.

Os votos que ambos os cônjuges fazem na cerimônia de casamento são um juramento, que determina *os termos da aliança*: amar, ser fiel, honrar, servir e cuidar. E também *as condições da aliança*: em todo tempo e circunstâncias, até à morte. Portanto, o compromisso de um cônjuge com o outro no casamento não pode ser determinado por circunstâncias, pois é o nível de compromisso que cada cônjuge tem com o outro que os levará a enfrentar e superar circunstâncias adversas e preservar a aliança que eles fizeram voluntariamente.

A Bíblia revela que Deus sempre firmou alianças para mostrar seu compromisso imutável e dar segurança do cumprimento de suas promessas (Jeremias 32:40; Isaías 54:10; Salmos 89:34). Alianças são inquebráveis. E Ele espera que nós tratemos da mesma forma as uniões que fazemos. Um casamento pode acontecer na base de

> Deus trata o casamento como uma dupla aliança que os cônjuges firmam primeiramente com Ele e, depois, entre si, em um profundo nível de compromisso e fidelidade.

contrato, mas só tem como se sustentar e prevalecer a partir de uma aliança séria firmada entre os cônjuges.

> Um casamento pode acontecer na base de contrato, mas só tem como se sustentar e prevalecer a partir de uma aliança séria firmada entre os cônjuges.

Muitas vezes, escolhemos fazer alianças que não são aprovadas por Deus, podemos nos enganar ou ser enganados ao fazer uma aliança. No entanto, mesmo que tenhamos sido logrados, temos o compromisso de honrar a aliança que fizemos. Um grande exemplo disso é a situação de Josué, descrita em Josué 9. Deus havia proibido aliança com os gibeonitas, mas estes, utilizando habilidade para enganar, conseguiram que os israelitas firmassem com eles uma aliança. Apesar de terem sido enganados pelos gibeonitas, mesmo tendo descoberto a trama, os israelitas mantiveram o compromisso firmado. Quando Josué decidiu honrar a aliança que fizera, ainda que soubesse dos meios ardilosos utilizados pelos gibeonitas, Deus entrou com intervenção sobrenatural e lhe deu a vitória.

Quando Deus faz parte da vida de cada cônjuge e está presente continuamente no relacionamento conjugal, por meio de sua graça, é possível ter um casamento bem-sucedido, mesmo que tenha sido uma aliança firmada sobre de mentiras e engano. Podemos contar com os recursos de Deus, mas temos de entender a responsabilidade que nos cabe.

Há um artigo de Stephen Kanitz em que ele faz algumas colocações muito interessantes e relevantes. Ele afirma que, atualmente, no altar, muitos casais estão prometendo amar um ao outro enquanto o casamento durar. A promessa feita é de amar o cônjuge até o dia em que alguém mais interessante aparecer. Amar o cônjuge para sempre deixou de ser uma promessa e passou a ser apenas uma frase dita. O artigo diz:

> Eu sei que fatalmente encontrarei dezenas de mulheres mais bonitas e mais inteligentes que você ao longo de minha vida e que você encontrará dezenas de homens mais bonitos e mais inteligentes que eu.

É justamente por isso que prometo amar você para sempre e abrir mão desde já dessas dezenas de outras oportunidades conjugais que surgirão em meu futuro.

Homens e mulheres que conheceram alguém "melhor" e acham agora que cometeram enorme erro quando se casaram com o atual [cônjuge], esqueceram a premissa básica de que o objetivo do casamento não é escolher o melhor par possível mundo afora, mas construir o melhor relacionamento possível com quem você prometeu amar para sempre.[1]

A arte de casar de novo

As taxas de divórcio subiram mais de 700% nos últimos cinquenta anos [...]. Essa elevação da taxa de divórcio é provavelmente um dos motivos para vermos muitas publicações sobre como ter um divórcio indolor [em lugar de] do que como ter um bom casamento.[2]

Outro artigo de Stephen Kanitz que vale a pena ler tem o título "O segredo do casamento".[3] Em resumo, ele diz que, de tempos em tempos, é preciso se casar de novo, só que com a mesma pessoa. Após os inevitáveis conflitos e crises, a solução é se acalmar, ponderar e partir de novo com a mesma pessoa. O segredo está na renovação da relação e, para isso, são necessárias atitudes diárias que geralmente são esquecidas, as quais Kanitz menciona no mesmo artigo:

De tempos em tempos é preciso [...] voltar a namorar, voltar a cortejar, seduzir e ser seduzido.

Há quanto tempo vocês não saem [...]? Há quanto tempo você não tenta conquistá-la ou conquistá-lo como se fosse um

---

[1] *O contrato de casamento*. Disponível em: https://blog.kanitz.com.br/contrato-casamento. Acesso em: 17 jul. 2023. Acréscimos da autora.

[2] Zig Ziglar, *Namorados para sempre*, p. 47 (acréscimo da autora).

[3] *O segredo do casamento*. Disponível em: http://blog.kanitz.com.br/segredo-casamento/. Acesso em: 17 jul. 2023.

pretendente em potencial? Há quanto tempo não fazem uma lua de mel[...]? Faça de conta que está de caso novo.

Essa declaração de Kanitz é bastante pertinente, e ele completa afirmando que tudo que alguém faria (ou geralmente faz) quando se divorcia poderia ter sido feito antes. Geralmente, a pessoa passa a frequentar lugares novos, muda de casa e amizades, muda o estilo das roupas e o corte de cabelo, emagrece etc. Um dos prazeres da separação (no início) é justamente renovar tudo. A pessoa se encanta com a possibilidade de uma "nova vida". Não é interessante?

O mais curioso é que não é preciso um divórcio para ter tudo isso. Basta mudar de atitudes e não se deixar acomodar. A grande questão é que há um preço, que as pessoas nem sempre estão dispostas a pagar, para renovar e salvar seu casamento. Contudo, é intrigante que essas pessoas se mostrem bastante dispostas a pagar um preço muito maior ao se separarem, para construir uma "nova vida" com outra pessoa. Após se separar, elas demonstram uma disposição dobrada para fazer tudo aquilo que poderiam ter feito para ser bem-sucedido no casamento anterior, mas não tiveram disposição para fazer.

> Não existe essa tal "estabilidade do casamento" nem ela deveria ser almejada. O mundo muda, e você também, seu marido, sua esposa, seu bairro e seus amigos. A melhor estratégia para salvar um casamento não é manter uma "relação estável", mas saber mudar junto [...]. Portanto, descubra o novo homem ou a nova mulher que vive ao seu lado, em vez de sair por aí tentando descobrir um novo interessante par. Tenho certeza de que seus filhos os respeitarão pela decisão de se manterem juntos e aprenderão a importante lição de como crescer e evoluir unidos apesar das desavenças.[4]

---

[4] Stephen Kanits, *O segredo do casamento*. Disponível em: http://blog.kanitz.com.br/segredo-casamento/. Acesso em: 17 jul. 2023.

O divórcio é uma porta que deve ser fechada, e não aberta, especialmente para quem quiser viver um casamento dentro dos princípios originais instituídos por Deus. Em vez de basear-se em experiências isoladas ou circunstâncias para fundamentar ou justificar a dissolução de um casamento, a base deve consistir nos princípios originais do matrimônio descritos na Palavra de Deus.

Os fariseus perguntaram a Jesus se era permitido se divorciar por qualquer motivo (Mateus 19:3-9). A pergunta era sobre os motivos, pois permitido já havia sido por Moisés. Jesus então respondeu a eles citando os princípios originais de Deus para o casamento, os quais não envolviam divórcio e novo casamento. Jesus explicou que Moisés permitiu uma "exceção", por causa da dureza de coração. Jesus veio propor mandamentos que determinam um novo tempo.

Cristo veio resolver o problema da dureza de coração com a nova aliança pelo seu sangue e o selo do Espírito Santo (Ezequiel 36:26,27). Portanto, com uma nova natureza, um novo coração e o controle do Espírito Santo, não há mais sentido para a exceção. O divórcio não se justifica mais, porque, em Cristo e pelo Espírito Santo habitando em nós, somos capazes de amar o outro como Deus ama, superar as adversidades e viver em paz.

A Palavra de Deus declara que o Senhor odeia, ou repudia, o divórcio (Malaquias 2:16), e Ele disse isso na mesma época em que Moisés havia permitido o divórcio como exceção. Jesus estava dizendo que não queria que vivêssemos mais pela exceção, pois por meio dele, poderíamos evitar o divórcio, lutando e nos esforçando para superar os problemas.

Em 1Coríntios 7:10,11, Paulo diz: "[...] aos casados, ordeno, não eu, mas o Senhor", que "[...] não separe" [ou que "se reconcilie"]. A reconciliação deve ser considerada e buscada. Essa deveria ser sempre a escolha de pessoas com convicções cristãs ao enfrentarem momentos conjugais difíceis. É preciso lutar com todas as forças para que o rompimento não ocorra. Sempre há muito o que fazer antes de se chegar a uma decisão tão drástica como o divórcio, que trará consequências irremediáveis. E, mesmo depois de haver feito tudo, ainda podemos permitir a intervenção de Deus para realizar um milagre. A ordem de Deus e seu propósito são claros: entrar no casamento para permanecer nele até que a morte chegue para um dos cônjuges. Honrar e preservar a dupla aliança que foi firmada. O que estiver além dos nossos limites humanos Deus pode fazer.

Deus pode trazer intervenção e solução. A solução divina para o casamento é trocar o coração de "pedra" por um de "carne" (Ezequiel 36:26). É receber um novo coração ao aceitar o seu amor e sua graça. E, à medida que andamos com Cristo, adquirir um coração mais parecido com o dele.

> A solução divina para o casamento é trocar o coração de "pedra" por um de "carne" (Ezequiel 36:26). É receber um novo coração ao aceitar o seu amor e sua graça. E, à medida que andamos com Cristo, adquirir um coração mais parecido com o dele.

• • • •

As possibilidades bíblicas para um novo casamento — viuvez (Romanos 7:2) e/ou adultério — precisam ser entendidas como exceções colocadas por Jesus. A morte e o adultério de um dos cônjuges têm o poder de causar dissolução do casamento, devido à quebra da aliança. Contudo, o perdão e a restauração sempre devem ser buscados até o último recurso. Não tem que ser o fim do casamento.

Jesus disse que todo novo casamento é considerado adultério. Entretanto, Ele estabeleceu uma exceção ao usar a expressão *"a não ser"*, que deve ser usada em último caso. Mesmo diante dessa exceção oferecida por Jesus, nós não devemos desistir do casamento; ao contrário, devemos lutar ao máximo para que ele funcione e seja restaurado. Nós temos potencial para isso.

A quebra de aliança pelo adultério pode ser revertida por meio do perdão e da restauração divina. Deus deixa explícito qual é o seu padrão de perdão para esse tipo de situação (Jeremias 3:1,12,13). E nós, como seus imitadores, temos de seguir o mesmo padrão. Ele oferece perdão e restauração a uma nação que foi promíscua e adúltera para com Ele, desde que houvesse arrependimento e conserto.

Um novo casamento só deve acontecer quando houver quebra da aliança no casamento anterior, por morte ou por adultério. Contudo, vale ressaltar que, ainda nesse caso, deve haver todo o esforço possível para reconciliação e restauração pelo perdão. No entanto, quando a restauração é rejeitada por um ou ambos os cônjuges, depois de tentar todos os recursos possíveis, a pessoa poderá reconstruir sua vida.

Casos em que um cônjuge é vítima de adultério e resolve perdoar, mas o outro insiste em permanecer no erro. Após um longo período de oração, persistência e insistência, se o outro mantém a mesma posição, entende-se que o caso entra na exceção de Jesus.

E os filhos? Com certeza esses são os mais prejudicados e menos levados em consideração. É impressionante ouvir os pais "adultos" dizerem que os filhos estão lidando "super bem" com a situação da separação, enquanto eles próprios não sabem lidar com as questões que envolvem o processo. Não vou discutir aqui a questão sobre o efeito do divórcio na vida dos filhos, mas são inúmeros os estudos que mostram que o impacto é devastador, independentemente da idade dos filhos. Ainda não vi um filho aceitar, de início, a separação dos pais e, ao se separarem, não sonhar com a reconciliação da família. Grande parte dos problemas emocionais envolvem situações de separação e refletem mesmo na fase adulta, especialmente em dificuldade nos relacionamentos.

Após estudar filhos de pais separados durante 25 anos, a terapeuta americana Judith S. Wallerstein[5] garante que: "Ser filho de um casal que se separou é um problema que nunca cessa de existir". Na contramão do que afirmam os defensores das "novas famílias", o divórcio traz males a crianças e jovens, sim. Ela diz ainda que

---

[5] *O que o mundo todo deveria saber sobre o divórcio*. Artigo de Judith S. Wallerstein, citado em: O que o mundo todo deveria saber sobre o divórcio | Família. Disponível em: www.familia.com.br.

"o homem e a mulher que vivem o tumulto de uma separação não têm equilíbrio e disponibilidade suficientes para dar conta do que as crianças estão sentindo".

Os pais, que se dizem adultos e maduros, precisam considerar os filhos antes de pensar em divórcio, e se amarem de verdade os seus filhos, isso deve ser suficiente para que trabalhem com todas as forças para restaurar o amor que um dia os uniu em uma aliança eterna. Esse sentimento provavelmente foi enfraquecendo por falta de cuidado e atitudes diárias para nutri-lo. O casal precisa saber que uma separação afetará não só os filhos, mas as próximas gerações também.

Nicholas H. Wolfinger[6] publicou um estudo alarmante: o índice de divórcio entre filhos de pais divorciados é significativamente maior do que entre filhos de pais que permanecem fiéis à aliança que fizeram sob juramento diante de Deus. Portanto, a separação é bem mais séria do que parece, pois não é, e jamais será, somente uma questão conjugal. É uma questão familiar, pois poderá afetar os filhos, os netos e os bisnetos.

É preciso considerar que existe um preço a ser pago tanto na dissolução quanto na reconciliação. Ao "pesar na balança", o preço da dissolução é, na maioria das vezes, bem mais alto. É mais dispendioso financeira, emocional e espiritualmente. O preço, além de ser alto, envolve todas as dimensões da vida. É importante ressaltar, mais uma vez, que quase tudo que as pessoas se dispõem a fazer após se separarem, poderia ter sido feito antes do rompimento, visando ao bem do casamento.

A separação é sempre mais complexa do que parece e envolve muito mais variáveis do que se pensa. No desespero, tentando se livrar da dor e da angústia de um problema, quem escolhe o divórcio não imagina que, em vez de acabar com o aborrecimento, acaba trazendo para si vários outros problemas com potencial para causar maior dor

---

[6] *Seus pais influem no seu casamento*. Artigo de Nicholas H. Wolfinger. Disponível em: *Super* (abril.com.br).

e angústia. Certamente que há exceções; mas, infelizmente, nos dias atuais, a exceção tem se tornado a regra. Isso é o que tenho visto.

Não sei qual é a sua história, nem sei qual é a situação em que você se encontra neste momento. Talvez, você esteja em seu segundo ou terceiro casamento ou até já tenha se casado mais vezes. Não importa! Cada caso é um caso e tem a sua própria lógica. O que menos importa é o que passou e como você chegou aonde está. O que realmente importa é o que você fará de agora em diante! A compreensão que você tiver neste momento e as atitudes que decidir assumir a partir de hoje poderão fazer toda a diferença e mudar o curso da sua história conjugal.

O que é, de fato, relevante é definir bem suas convicções para que tenha princípios e valores firmes e estáveis e não seja mais confundido e levado por distorções de valores e conceitos a respeito de casamento e família tão amplamente propagados nestes dias. Será realmente relevante compreender os princípios originais instituídos por Deus para o casamento desde o início e incorporá-los à sua vivência.

Definir suas convicções e incorporar os princípios originais do casamento em sua vida conjugal a partir de agora é o que poderá possibilitar construir um casamento de sucesso, que enfrentará as crises e permanecerá se fortalecendo com elas. Se, em vez disso, ficarmos tentando encontrar formas para justificar as alianças que já quebramos, continuaremos no mesmo caminho, achando que é assim mesmo e, provavelmente, repetiremos os erros cometidos no passado. Portanto, o mais importante é reconhecer que erramos e aprender com essa experiência, passando a agir de forma diferente, a fazer escolhas assertivas, visando à manutenção da aliança feita, mudando o rumo de nossa história.

FUNÇÕES BEM DEFINIDAS: CADA CÔNJUGE CUMPRINDO O SEU PROPÓSITO

A falta de clareza quanto às funções a serem desempenhadas pelo esposo e pela esposa tem gerado muitos conflitos e insegurança nos relacionamentos conjugais. Deus criou homem e mulher com atribuições bem definidas para a vida em família; umas diferentes, outras semelhantes. Essas funções complementam-se, fortalecendo o casal como uma equipe.

Empresas, grupos, sociedades precisam ter alguém no comando. A família também. E quanto mais nos afastarmos do projeto original estabelecido por Deus, mais confusos e insatisfeitos estaremos. Sem definir alguém para dar a palavra final na tomada de decisões, qualquer uma dessas instituições dificilmente alcançará seus objetivos, pois precisam de pessoas em funções diferentes, mas também de alguém que dê a direção. Imagine um exército, se não houver alguém no comando, ainda que cada um faça bem sua função, provavelmente irá fracassar.

Pense em uma empresa ou qualquer outra instituição... Não há possibilidade de ela funcionar bem e ser produtiva se a função de cada pessoa que a integra não estiver devidamente definida. Se cada um omitir-se de fazer sua parte, os objetivos comuns não serão alcançados. Se os papéis não estiverem bem estabelecidos e claros para cada membro da equipe, dificilmente haverá sucesso. No relacionamento conjugal acontece exatamente a mesma coisa: os cônjuges precisam formar uma equipe com funções bem definidas, que se apoiam e se complementam para, juntos, alcançarem o sucesso.

Na empresa, na vida ou no casamento, todos têm direitos, mas também deveres. No entanto, o que geralmente acontece é que estamos sempre empenhados em exigir os nossos direitos, mas raramente nos vemos preocupados em como desempenhar melhor os nossos deveres. Na verdade, desejamos, pedimos, e até exigimos do outro, o que não estamos dispostos a dar.

> Estamos sempre empenhados em exigir os nossos direitos, mas raramente nos vemos preocupados em como desempenhar melhor os nossos deveres. Na verdade, desejamos, pedimos, e até exigimos do outro, o que não estamos dispostos a dar.

A seguir, serão descritos de forma resumida os papéis e asfunções do homem e da mulher no relacionamento conjugal, de acordo com os princípios originais do casamento instituídos por Deus.

HOMEM / ESPOSO

Provedor e protetor

O papel do esposo como provedor e protetor tem sido considerado totalmente ultrapassado para a sociedade atual, mesmo entre casais cristãos. Antes mesmo de criar a mulher, Deus definiu o papel do homem como *provedor e protetor* de sua casa, quando atribuiu a ele as funções de lavrar e guardar o jardim (Gênesis 2:15). Isso não significa que só o homem deva trabalhar, mas que essa responsabilidade foi dada a ele.

Ao ordenar ao homem que guardasse o jardim, podemos entender que Deus estava se referindo ao sentido amplo do verbo "guardar". Provavelmente, era para ele também protegê-lo de um inimigo espiritual, pois Deus já sabia que Satanás tentaria entrar para realizar a obra que lhe é própria: matar, roubar e destruir. Não havia outro perigo iminente no jardim perfeito de Deus. Dessa forma, desde a sua criação, cabe ao homem proteger a sua casa.

Ser o cabeça

Assumir o governo ou o comando é, certamente, a principal e mais relevante atribuição do esposo, mas isso também está sendo banalizado e desconsiderado atualmente, mesmo nos casamentos entre cristãos. Em Gênesis 2:18, ao definir a mulher como ajudadora, Deus atribui o governo da casa ao homem. Muitos homens não entendem o que fazer com essa responsabilidade que receberam de Deus. Ao dizer que faria uma ajudadora para o homem, Deus está definindo quem deve governar, mas também que o homem não

> Ao dizer que faria uma ajudadora para o homem, Deus está definindo quem deve governar, mas também que o homem não é autossuficiente e, portanto, precisa de ajuda para exercer sua função de governo da casa.

é autossuficiente e, portanto, precisa de ajuda para exercer sua função de governo da casa.

> Quero, entretanto, que saibais ser Cristo o cabeça de todo homem, e o homem, o cabeça da mulher, e Deus, o cabeça de Cristo (1Coríntios 11:3).

> Porque o marido é o cabeça da mulher, como também Cristo é o cabeça da igreja, sendo este mesmo o salvador do corpo (Efésios 5:23).

Com a família não é diferente. Da mesma forma que ocorre em qualquer instituição ou time, é preciso ter bem definido quem comanda e dá a direção. Deus, quando instituiu o casamento, deixou definida uma cadeia de comando, na qual Cristo deve ser o cabeça do esposo, para, então, ele seja o cabeça da sua esposa. Isso é fundamental, pois, se não for assim, o resto da cadeia não se sustentará. Assim como Cristo se submete a Deus, o esposo deve se submeter a Cristo.

Muitos esposos querem governar para mandar. Confundem a autoridade que lhe foi concedida por Deus com autoritarismo. Exigem seu direito de "chefe", sem atender à instrução de se submeter antes a Cristo. No entanto, Jesus mostra que a posição de autoridade (de ser cabeça) não é para receber, mas para oferecer. Ele ensinou uma liderança que serve, o exercício de uma autoridade abençoadora, e não dominadora; é assim que deve ser o exercício da autoridade do marido no lar (Mateus 10:42-45).

Alguns maridos não entendem a posição de ajudadora que a mulher recebeu de Deus. Isso envolve tomar decisões e dar direção, e não abuso, tirania e/ou falta de respeito. Governar não é dominar. Governar é conduzir por meio de respeito, e não por imposição.

Alguns maridos não entendem essa posição que Deus deu à mulher (falaremos mais sobre isso adiante) e agem como se elas não pudessem opinar sobre nada. A verdade é que o homem deve aprender a ouvir sua esposa, pois ser cabeça não significa tomar todas as decisões sozinho. Embora a decisão final seja do marido — ele é quem dá a direção —, a esposa pode e deve ajudá-lo a chegar a uma decisão. A esposa tem muito a contribuir com suas opiniões, sua percepção e intuição.

Por outro lado, muitos homens, por negligência, levam sua mulher a assumir funções de governo que não são delas e, às vezes, ainda reclamam. Contudo, uma "Jezabel" só age quando há um "Acabe" para permiti-lo. Jezabel é o exemplo de uma mulher dominadora, manipuladora e instigadora que controlou a vida de seu marido Acabe, levando-o para longe de Deus e de seu propósito. Ela fez isso porque seu esposo não se posicionava nem assumia o seu lugar de autoridade e governo (leia 1Reis).

Há muitas mulheres sofrendo porque querem viver os princípios de Deus e ser submissas, mas não conseguem viver assim porque o esposo é passivo e indeciso, não assumem a função de governo que lhe cabe. Assim como uma nação não pode ter dois poderes tomando decisões, não há como ter um casamento bem-sucedido com duas cabeças querendo dar a palavra final, tendo a última palavra. Por isso, Deus delegou ao homem a função de governo da casa. É ele que, diante de um impasse, assumirá a responsabilidade de tomar a decisão final. Para que isso funcione bem, é fundamental que haja entre o casal confiança mútua.

O homem jamais conseguirá cumprir bem sua função de governo, sendo o cabeça, por si mesmo. O segredo é se sujeitar a Cristo, que é o cabeça do homem. Quanto mais sujeito a Cristo um homem estiver, maior capacidade terá de exercer seu papel de líder da esposa e da família.

Mais importante ainda é compreender que esse governo do homem é, antes de tudo, uma *liderança espiritual*, o que significa conduzir sua casa no temor do Senhor. Esse é o maior desafio para o homem, pois é o que define todo o resto. E a melhor forma para um homem fazer isso é com seu próprio exemplo de vida, mantendo um relacionamento pessoal com Cristo, de modo que isso reflita em suas atitudes.

Muitos homens cresceram sem ter referência do que é viver submissos a Cristo, por isso, não estão preocupados em entender o que significa amar sua esposa como Cristo amou a igreja. Entretanto, se o homem tiver um posicionamento firme sobre ter uma vida cristã genuína e conduzir a sua casa a fazer o mesmo, certamente verá o socorro, a provisão e a graça de Deus sobre seu lar. Dessa forma, esse homem terá o favor e a intervenção de Deus em sua vida e na de toda a sua família.

Em *Namorados para sempre*,[7] Zig Ziglar fez algumas paráfrases do livro *Man of Steel and Velvet* [Homem de aço e veludo], de Aubrey P. Andelin:

> A liderança é uma posição de confiança, pela qual o homem deve responder a Deus. Ele precisa aceitá-la, e não rejeitá-la. Ele não pode passá-la para ninguém. Ela foi designada para ele.
>
> A liderança exige firmeza, coragem, decisão e justiça, misturadas a uma boa dose de ternura, bondade, consideração, generosidade e humildade.
>
> O homem que assume o papel de liderança precisa ser um homem de convicções e precisa saber defendê-las, mesmo que elas não sejam benquistas.
>
> A humildade é um pré-requisito para a liderança. Se o líder cometer um erro, ele saberá imediatamente reconhecê-lo, pedir desculpa e seguir em frente. Nenhum líder, por maior que seja, é infalível.

Amar, honrar e cuidar

O padrão estabelecido por Deus é que o marido não apenas ame a sua esposa, mas faça isso dentro do mais alto padrão de entrega: "Como também Cristo amou a Igreja e a si mesmo se entregou por ela". Portanto, envolve entrega, carinho, dedicação, consideração,

---

[7] P. 151.

afeto e valorização. Se Deus ordenou amar dessa forma, é porque Ele sabe que o homem tem potencial para isso e pode fazê-lo de forma intencional, submetendo-se ao comando de Cristo.

> Maridos, amai vossa mulher, como também Cristo amou a igreja e a si mesmo se entregou por ela (Efésios 5:25).

> Maridos, amai vossa esposa e não a trateis com amargura [ou asperamente] (Colossenses 3:19).

> Maridos, vós, igualmente, vivei a vida comum do lar, com discernimento; e, tendo consideração para com a vossa mulher como parte mais frágil, tratai-a com dignidade, porque sois, juntamente, herdeiros da mesma graça de vida, para que não se interrompam as vossas orações (1Pedro 3.7).

Amar a esposa como Cristo ama a sua Igreja é amar incondicionalmente, e não por quaisquer méritos dela. É um compromisso pessoal primeiro com Cristo; muitas vezes, sacrificial. É jamais abandoná-la, mas cuidar dela sempre e para sempre. Se o esposo amar, honrar e cuidar de sua esposa, não será difícil para ela ser submissa a ele. Se o homem se esforçar para ser um marido sensível, amável e carinhoso, a esposa sentir-se-á amada, valorizada e cuidada, não tendo, portanto, dificuldade para se submeter à autoridade dele.

Não se pode deixar de ressaltar que muitas mulheres tornam essa função do esposo bem mais desafiadora. Costumo dizer que "Se você quer um esposo apaixonado, seja uma esposa apaixonante e vice-versa". Embora o padrão de Deus seja um amor incondicional, a mulher pode ajudar o esposo a amá-la e honrá-la. Muitas esposas acabam afastando o esposo com tanta cobrança, reclamações e falta de apoio. A esposa pode aprender a conquistar o amor, o cuidado e a honra do seu esposo

> Se o esposo amar, honrar e cuidar de sua esposa, não será difícil para ela ser submissa a ele.

> "Se você quer um esposo apaixonado, seja uma esposa apaixonante e vice-versa".

sendo submissa e cumprindo seu papel de ajudadora, auxiliar, parceira, amante e administradora do lar.

Ser amante
É também função do esposo amar e satisfazer sua esposa sexualmente. Deus nos criou com potencial para nos relacionarmos sexualmente, para trazer deleite e plenitude ao nosso relacionamento conjugal. Essa é uma questão de grande importância para o sucesso do casamento e, por isso, teremos um capítulo inteiro para tratar dessa função, que é semelhante para o homem e para a mulher.

MULHER / ESPOSA

Ser ajudadora
Quando Deus cria a mulher para ser uma ajudadora do homem, mostra a importância que atribuiu a ela no casamento e na família. Esse papel não coloca a mulher abaixo do homem. Deus afirmou que esse não seria capaz de fazer tudo sozinho e que a mulher seria capacitada para ajudar. Estar sob a autoridade e o governo do esposo não desmerece a esposa. Deus estava declarando que a mulher tem algo a oferecer para o andamento do lar que o homem não tem.

Deus criou a mulher para ajudar o homem em tudo, até no governo do lar. Claro, sem tirar a autoridade dele, mas contribuindo com a sua opinião para as decisões, sempre pensando em um trabalho em equipe. A Bíblia tem várias histórias de casais que mostram como os homens nem sempre estão certos e, por isso, precisam de conselhos. A Bíblia conta a respeito de Nabal e Abigail (1Samuel 25:37,38), Pilatos e sua esposa (Mateus 27:19), e Abraão e Sara (Gênesis 21:12). Esses casais são exemplos que evidenciam como Deus pode usar a mulher para levar o homem a repensar as coisas e até para evitar que ele sofra as consequências de sua forma inconsequente de agir (como ocorreu com Nabal e Abigail). A mulher não passa por cima da autoridade do marido por dar um conselho ou adverti-lo quando há uma decisão a ser tomada, porém ela deve ser sábia para saber até que ponto ir, a forma e o momento certo de falar e, assim, edificar a sua casa, e não a destruir (Provérbios 14:1).

Uma esposa sábia acata quando seu esposo dá a palavra final, apoiando-o mesmo quando deixa claro que tem uma opinião divergente. E ainda, se a decisão dele não der certo, ela jamais acusa, cobra ou condena-o por isso, mas o apoia sempre. É importante ressaltar que há muitas mulheres que querem estar sempre certas e assumir a posição de governo, tirando a autoridade do esposo. Muitas vezes, elas acabam usando a omissão do esposo para atropelar ou manipular situações.

Algo que a mulher, na condição de ajudadora, deve entender é que ela tem uma grande capacidade para edificar ou derrubar sua casa. Infelizmente, algumas esposas não têm sabedoria e acabam negligenciando seu papel de auxiliadora. A mulher sábia busca conselho com outras mais experientes (Tito 2:3-5) e orientação de Deus em oração (Tiago 1:5) para ser uma boa auxiliar de seu esposo, edificar seu lar, e não assumir um papel que não é seu, pois isso colocaria em risco a paz e o bom andamento do lar.

Muitos maridos não recebem nenhum encorajamento, motivação ou apoio da esposa e, com essa omissão, muitas delas vão, aos poucos, levando seu lar para baixo; distanciando-se do esposo e afastando o esposo de si. Por outro lado, a mulher sábia sempre ajudará na edificação do seu lar, estando sempre pronta a apoiar seu esposo no que for preciso.

Ser submissa

Submeter-se ao seu esposo é um dever da esposa que a Bíblia deixa claro. Isso vai muito além de respeitar o esposo, mas mostra a compreensão do estilo de governo estabelecido por Deus. É reconhecer e se submeter a viver dentro dos princípios originais estabelecidos por Deus para o casamento. No meio social em que vivemos, fazer uma afirmação como essa chega a soar como absurda e ofensiva, pois é algo considerado completamente ultrapassado.

> As mulheres sejam submissas ao seu próprio marido, como ao Senhor; porque o marido é o cabeça da mulher, como também Cristo é o cabeça da igreja, sendo este mesmo o salvador do corpo. Como, porém, a igreja está sujeita a Cristo, assim também as mulheres sejam *em tudo* submissas ao seu marido (Efésios 5:22-24; grifo da autora).

Para os padrões sociais atuais, não há distinção entre o homem e a mulher no casamento. De acordo com os princípios de Deus, há uma clara distinção de funções. Lemos na Escritura Sagrada: "Esposas, sede submissas ao próprio marido, como convém no Senhor" (Colossenses 3:18). É verdade que, aos olhos de Deus, como criaturas e seres humanos, não há distinção alguma entre homem e mulher (Gálatas 3:28). Se Deus deu a autoridade de governo para o esposo, não significa que ele tenha mais valor do que a mulher, é apenas uma questão funcional. Esse é um princípio original instituído por Deus e não deve ser quebrado, pois é assim que as coisas funcionarão melhor.

A submissão da esposa ao esposo também é incondicional. Mesmo se o marido não professar a mesma fé, ele é reconhecido como cabeça do lar, a quem a mulher deve ser submissa: "Mulheres, sede vós, igualmente, submissas a vosso próprio marido, para que, se ele ainda não obedece à palavra, seja ganho, sem palavra alguma, por meio do procedimento de sua esposa" (1Pedro 3:1). E aqui podemos entender melhor a importância de termos um cônjuge que tenha convicções semelhantes. Se houver uma concordância de princípios, ficará mais fácil para ambos entender e desempenhar seus papéis.

Submeter-se não significa se anular como pessoa e abrir mão de todos os direitos ou estar sempre de acordo. A esposa pode ter sua opinião, e esta deve ser respeitada, mas precisa acatar a autoridade da decisão final do esposo, mesmo que tenha opiniões diferentes das dele. O que realmente importa é os cônjuges construírem juntos convicções bem definidas, especialmente quanto à visão de relacionamento conjugal. As opiniões pontuais podem divergir e isso será facilmente superado se não houver diferenças quanto aos princípios de que ambos estão convictos.

Quando olhamos para o conceito da palavra "submissão" pode parecer exagerado e até assustador, mas devemos nos lembrar de que a mulher deve se sujeitar ao marido como a Igreja se sujeita a Cristo (Efésios 5:22- 24). Em contrapartida, o marido deve governar e exercer sua autoridade como Cristo, em amor, com uma liderança que serve.

Uma coisa leva a outra. Para uma mulher que se sente amada, honrada e cuidada, será fácil e prazeroso cumprir seu papel sendo submissa. Da mesma forma, também será fácil e prazeroso para o homem amar, honrar e cuidar de uma esposa que lhe é submissa e cumpre seu papel como ajudadora, administradora e amante. É uma via de mão dupla: "Portanto, cada um de vocês [maridos] também ame a sua mulher como a si mesmo, e a mulher trate o marido com todo o respeito" (Efésios 5:33).

Em tempos de militância feminista, ser submissa tem sido um grande desafio para algumas mulheres, especialmente quando o marido não está exercendo o governo em sua casa. Mesmo assim, a autoridade dele deve ser respeitada. Fazendo isso, a esposa estará trazendo bênçãos sobre a sua vida e sua casa. A Palavra de Deus diz que quem resiste à autoridade instituída por Ele traz sobre si condenação (Romanos 13:2).

Submissão é assumir a missão de cooperar com a missão do outro; ajudar o outro a cumprir sua missão. Então, a esposa tem o papel de apoiar e cooperar com a missão do esposo. A missão dele dá sentido e incentivo à missão dela. E a submissão da mulher edifica o lar.

SER ADMINISTRADORA DO LAR

A mulher foi chamada a unir-se ao homem em uma parceria em que cada um tem seu lugar: o homem é o cabeça, a mulher a ajudadora. Ou seja, a esposa auxilia não apenas por meio de conselhos, mas também distribui as tarefas pertinentes a cada um dos cônjuges.

Ao esposo, cabe liderar, e à esposa, administrar. Entretanto, vale ressaltar: liderança e administração, assim como outras funções, andam juntas e se complementam.

Isso não quer dizer que a esposa tenha de assumir sozinha tudo referente à rotina e administração da casa. Todos, certamente, devem cooperar, mas o dever e a responsabilidade do cuidado e condução do lar foi designado à esposa. É ela que tem a função de manter a casa bem cuidada, funcionando bem e em ordem. É a mulher que determina qual será o ritmo e o clima da casa.

Os tempos mudaram muito, é verdade, alterando a forma como vivemos e fazemos as coisas, mas a ideia divina de parceria permanece a mesma. É fundamental que cada um tenha clareza da sua função e se esforce para desempenhá-la o melhor que puder. Assim, o resultado será produtivo, como em uma empresa ou em um time esportivo. Essa visão de que todos devem fazer tudo não é funcional e é improdutiva, além de causar muitos conflitos.

Há uma passagem bíblica muito conhecida, que apresenta uma mulher virtuosa, que conduz de forma impecável a sua casa (Provérbios 31). É evidente que ocorreu uma grande mudança até os dias atuais. Hoje, é normal a mulher também trabalhar fora e cooperar para o sustento da casa. Não há nada de errado nisso, desde que o cuidado do marido e dos filhos não seja negligenciado. Infelizmente, é o que mais tem acontecido. Não precisa ser tudo que a mulher de provérbios é, mas a verdade é que as esposas estão perdendo o prazer de cuidar e administrar suas casas e isso tem trazido um efeito destrutivo.

Ser amante

Semelhantemente ao homem, a mulher também tem a função de ser amante do seu esposo e, assim, satisfazê-lo sexualmente. "O marido deve cumprir os seus deveres conjugais para com a sua mulher, e da mesma forma a mulher para com o seu marido" (1Coríntios 7:3). Reservamos, mais adiante, um capítulo dedicado a essa temática!

Em resumo

Amor (esposo) e submissão (esposa) andam juntos. Não se sustentam separadamente. Liderança (esposo) e administração (esposa) também andam juntos e não funcionam bem se estiverem separados. Não são eficazes individualmente, pois não atingem os objetivos. Governo (esposo) e edificação (esposa), igualmente só funcionam de forma efetiva se estiverem unidos, e não agindo isoladamente.

Imagine o homem como o cabeça e a mulher como o corpo... pense como funciona a interação de cooperação e interdependência entre eles. O homem busca ouvir a voz de Deus e dar a direção à sua esposa, e ela, como corpo, auxilia para que todas as instruções que o esposo recebeu de Deus sejam executadas.

Quando há alguma deficiência nas funções, seja da cabeça ou do corpo, todos sofrerão as consequências. Se o homem passa uma direção errada, leva a mulher agir de forma errada. Se ele passa a direção de forma correta, mas a mulher não acata, todos sofrerão da mesma forma, e assim por diante.

Marido e esposa, bem como suas respectivas funções, devem em tudo se complementar. Cada função, cada propósito se completa. Esse é o projeto de Deus: um relacionamento conjugal funcional, em que ambos tenham Cristo como modelo, objetivando serem parecidos com Ele. Cada um na sua função, cumprindo o propósito para o qual foi criado e designado por Deus nessa linda parceria que é o relacionamento conjugal. Juntos, como uma equipe, caminhando na mesma direção para alcançar objetivos comuns.

Exercício para a **MULHER**

A ESPOSA PERGUNTA	O ESPOSO RESPONDE
O que eu posso fazer...	*De forma prática, você poderia...*
1. ... para que você se sinta mais satisfeito sexualmente?	1. 2. 3.
2. ... para ser mais parceira e companheira para você?	1. 2. 3.
3. ... para que você se sinta apoiado e respeitado por mim?	1. 2. 3.
4. ... para demonstrar que acredito e confio em você?	1. 2. 3.
5. ... para demonstrar que reconheço a sua autoridade em nossa casa?	1. 2. 3.

PARA REFLETIR COMO ESPOSA

▶ Seu esposo pode contar com seu total apoio e parceria para governar a casa e encontrar estratégias para alcançar os objetivos e cumprir sua missão?

▶ Você tem sido submissa ao seu marido em tudo? Ou você tem passado por cima da autoridade concedida a ele por Deus?

▶ Você é em casa o mesmo que representa ser fora? Ou em casa você resiste, responde, grita, maldiz e confronta seu esposo?

▶ Como você se refere ao seu esposo, especialmente quando ele não está presente?

▶ Seus filhos, familiares e pessoas próximas testificam que você é uma esposa que trata o seu esposo com todo respeito?

▶ Seu maior cuidado é com o exterior ou com um espírito dócil e tranquilo?

▶ Você tem assumido a sua responsabilidade de administrar a casa para que seja um lugar agradável, de modo que seu esposo tenha prazer em estar nela?

▶ Você tem orado por seu esposo diariamente, colocando-se como intercessora em favor dele a todo momento, para que tenha um dia produtivo e vença as tentações?

▶ Você tem sido amante do seu esposo, satisfazendo-o sexualmente? Ou você o tem privado dessa bênção, deixando-o vulnerável?

▶ O seu casamento reflete amor, respeito, honra e submissão como o relacionamento da Igreja com Cristo?

Exercício para o HOMEM

O ESPOSO PERGUNTA	A ESPOSA RESPONDE
O que eu posso fazer...	*De forma prática, você poderia...*
1. ... que você se sinta mais amada e honrada?	1. 2. 3.
2. ... que você se sinta mais satisfeita sexualmente?	1. 2. 3.
3. ... que você se sinta cuidada e segura?	1. 2. 3.
4. ... demonstrar que você é especial e prioridade em minha vida?	1. 2. 3.
5. ... que você se sinta mais ouvida?	1. 2. 3.

PARA REFLETIR COMO ESPOSO

▶ Você tem sido o cabeça, responsável por dar equilíbrio e direção para a sua casa? Tem sido proteção para sua esposa e filhos, assim como Cristo é para você?

▶ Você tem amado e perdoado sua esposa, apesar de suas deficiências, como Cristo faz com você?

▶ Você tem dedicado tempo para ouvir com carinho ou simplesmente estar com sua esposa (e filhos), entregando-se a si mesmo, por amor?

▶ Você é aderente ao padrão que considera a esposa como alguém que deve servir e satisfazer o marido, obedecendo em tudo, sem questionar ou expressar sua opinião?

▶ Você tem negligenciado sua função de cabeça, fazendo que sua esposa assuma essa função?

▶ Você procura ouvir Deus antes de tomar decisões? Busca direção na Bíblia e em conselhos dos mais experientes como ser um marido sábio e prudente?

▶ Você tem conduzido sua esposa e família a estarem perto de Deus e viver o propósito dele?

▶ Você tem estabelecido o Reino de Deus em sua casa e sido intercessor de sua esposa?

▶ Você trata sua esposa com honra, como a parte mais frágil do casamento, e procura compreendê-la? Você é o melhor amigo dela, em quem ela confia e com quem se sente segura, cuidada e amada?

▶ Será que sua esposa tem se sentido arrasada por causa da sua frieza, dureza, falta de iniciativa ou indiferença?

▶ Você tem sido amante da sua esposa, satisfazendo-a sexualmente? Ou você a tem privado dessa bênção, deixando-a vulnerável?

▶ O seu casamento reflete amor, respeito, honra e submissão como o relacionamento da Igreja com Cristo?

YOUTUBE DA GISELE
@GiseleLima

Aponte seu celular para o QR code e acesse orientações valiosas para fortalecer e revigorar seu relacionamento conjugal.

7 passos para evitar o divórcio
https://www.youtube.com/live/Qni0SdLMwuQ?feature=shared

Não aceite um casamento medíocre
https://www.youtube.com/live/EPjbrYB2mNY?feature=shared

O que não lhe contaram sobre divórcio
https://youtu.be/60fUoq8UMGA?feature=shared

8 atitudes que levam ao divórcio
https://youtu.be/yTrht5gbg04?feature=shared

Como fechar a porta do divórcio
https://youtu.be/XRdh6CHThBA?feature=shared

10 dicas para ser a esposa dos sonhos
https://youtu.be/xgGZnD4-pSY?feature=shared

O esposo que as mulheres sonham
https://www.youtube.com/live/815BpNk5L4E?feature=shared

Como não ter ex-cônjuge
https://youtu.be/Vha5yKcpukU?feature=shared

ATITUDE 3

PRIORIZE A COISA CERTA

COMECE ESTE CAPÍTULO fazendo primeiro o seguinte exercício:

DESENHE A PIZZA DA SUA VIDA

Quantos pedaços esta pizza terá e o tamanho de cada pedaço serão definidos de acordo com a sua vida. Desenhe as fatias conforme a porcentagem de prioridade de cada área no seu dia a dia (trabalho, estudo, casamento, você mesmo, filhos, familiares, lazer, cônjuge, tarefas de casa, igreja etc.

Obs.: Não estamos considerando Deus aqui.

Use as áreas que correspondem à sua realidade e, se necessário, acrescente outras.

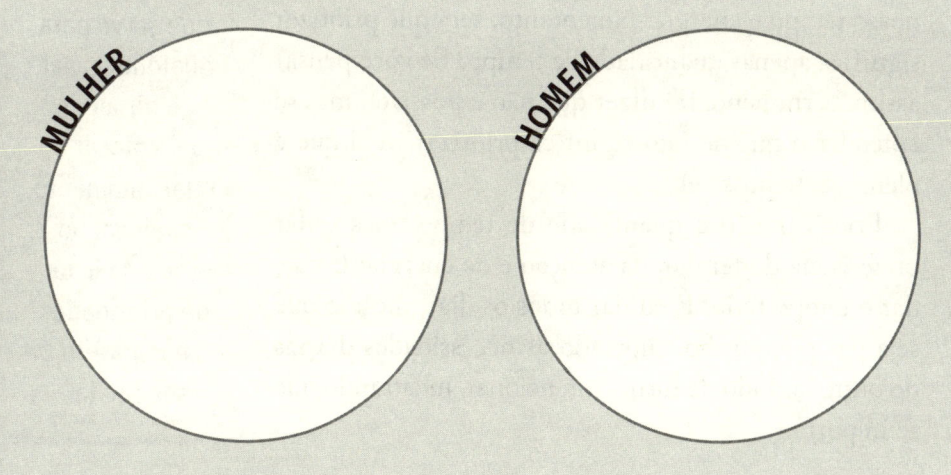

MULHER

HOMEM

> O homem que não é casado preocupa-se com as coisas do Senhor, em como agradar ao Senhor. *Mas o homem casado preocupa-se com as coisas deste mundo, em como agradar sua mulher*, e está dividido. Tanto a mulher não casada como a virgem preocupam-se com as coisas do Senhor, para serem santas no corpo e no espírito. *Mas a casada preocupa-se* com as coisas deste mundo, *em como agradar seu marido* (1Coríntios 7:32-34; grifo da autora).

Se existe uma "regra de ouro" para conquistar um casamento de sucesso, que serve para qualquer casal, eu diria que é: "colocar o relacionamento conjugal no topo da lista de prioridades e mantê-lo sempre lá". Fazendo isso, o casal certamente dará a máxima atenção ao relacionamento e fará o investimento necessário para mantê-lo saudável. Nada pode ser mais primordial do que o relacionamento conjugal, pois a condição em que o casamento estiver refletirá diretamente em todas as demais áreas. Se o relacionamento conjugal estiver bem, isso repercutirá no desempenho de ambos os cônjuges em tudo, e se estiver mal, repercutirá de igual forma.

O que mais ouço quando falo com casais sobre colocar o relacionamento conjugal em primeiro lugar é: "não é possível fazer isso". É verdade que estamos sendo engolidos por um sistema que nos obriga a nos submetermos a uma sobrecarga que consome todo nosso tempo e energia. No entanto, será que priorizar significa apenas quantidade de tempo? Se você pensar assim, certamente irá dizer que não é possível, mas se entender o que de fato significa priorizar, verá que é plenamente possível.

Priorizar não é quantidade de tempo, mas é dar preferência do tempo, da atenção e da energia. É cuidar o tempo todo. É cuidar todos os dias, mesmo que seja por pouquinho, suprindo as necessidades diárias do outro, agindo de forma intencional, mostrando que se importa.

> Se existe uma "regra de ouro" para conquistar um casamento de sucesso, que serve para qualquer casal, eu diria que é: "colocar o relacionamento conjugal no topo da lista de prioridades e mantê-lo sempre lá".

> Da mesma forma que não é possível ter um belo jardim deixando-o abandonado, sem cuidados, também é improvável ter um relacionamento conjugal bem-sucedido sem priorizá-lo e oferecer cuidados diários.

Priorizar é como manter um jardim verde e florido. Acho que essa é uma ilustração perfeita, pois, para que um jardim esteja sempre verde e florido, é exigido cuidado, investimento e empenho diário. Pensando assim, como está o seu "jardim"? Quem não gosta de ficar em um jardim verde e florido? É bem agradável, não é mesmo? O casamento é assim também! Ter um casamento saudável, satisfatório e duradouro é plenamente possível, mas não acontece em um passe de mágica! Dá trabalho! Exige cuidado, dedicação e investimento diário. É preciso priorizar!

Da mesma forma que não é possível ter um belo jardim deixando-o abandonado, sem cuidados, também é improvável ter um relacionamento conjugal bem-sucedido sem priorizá-lo e oferecer cuidados diários. Com frequência tenho visto pessoas querendo ter um "jardim verde e florido", que seja agradável e desejável, sem gastar tempo cuidando e fazendo o que precisa ser feito para isso acontecer. Deixam o casamento sempre em último plano, para quando tiver tempo, para quando der, e se der. Agem dessa forma, mas, mesmo assim, querem que tudo esteja bem.

Os casais parecem ficar esperando que algo aconteça de forma extraordinária e seus problemas, de repente, desapareçam e tudo fique bem, ou volte a estar bem. Entretanto, é com ações que as mudanças acontecem. As coisas só irão acontecer quando as fizermos acontecer. Isso significa que, como um jardim verde e florido, um casamento de sucesso não acontece por acaso e sim quando fazemos o que precisa ser feito para conquistá-lo, quando priorizamos e separamos tempo para cuidar das necessidades diárias um do outro.

Quando colocamos outras coisas (filhos, trabalho, casa, famílias de origem, igreja, *hobbies*, entre outras coisas) no lugar prioritário, que pertence ao relacionamento conjugal, não sobra tempo ou energia suficientes para cuidar devidamente do "nosso jardim", que é o casamento. Um jardim no qual não é feito investimento diário acaba secando, as flores murcham, as ervas daninhas invadem. O jardim fica feio e desagradável de ser visto. Ninguém gosta de estar em um jardim assim. Dessa forma, vai acabando o prazer de estar nesse lugar.

Quando deixamos o nosso jardim secar, o que ocorre geralmente é que o jardim do lado começa a chamar a atenção. É o mito de que "a grama do vizinho é mais verde". E, em vez de refletirmos sobre as razões de o jardim do outro parecer belo e o nosso não, passamos a desejá-lo. Muitos caem na grande ilusão de achar que, indo para o outro jardim, ainda que agindo da mesma forma, ele permanecerá verde e florido. Contudo, uma pessoa poderá trocar de jardim quantas vezes quiser, mas, se não mudar a atitude em relação a ele, favorecendo-o e fornecendo-lhe cuidados diariamente, ele não resistirá. A pessoa passará de jardim em jardim, ou de casamento em casamento, e ele sempre "secará" por falta de cuidados.

O que quero dizer é que perceber a beleza do jardim do vizinho não deve despertar cobiça em nós, mas uma atitude de reflexão, que nos leve a pensar nos motivos de o nosso jardim não estar bem, e o que "eu" preciso fazer para o recuperar, tornando-o belo, agradável e desejável novamente. *Cada um é responsável pelo estado do "seu jardim". Como está o "seu jardim"? O que você tem feito para mantê-lo verde e florido?*

Não se esqueça de que um jardim que não recebe cuidados há muito tempo levará um período mais longo para voltar a ficar verde e florido. Lembre-se de que é um processo que exige dedicação, paciência e, principalmente, persistência. Se o seu jardim está privado de cuidados há um tempo consideravelmente longo e não há mais prazer em estar nele, decida hoje começar uma restauração.

Em que lugar da lista de prioridade está o seu cônjuge ou o seu relacionamento conjugal? Você os trata na base do "quando der" e do "se der", fazendo um encaixe aqui, outro ali? O seu casamento tem sobrevivido com as sobras de seu tempo, sua energia, sua atenção? Talvez seu jardim esteja seco e abandonado, sem vida.

Na maioria dos casos, há como recuperá-lo, bastando apenas que se tenha disposição, ação e compromisso.

Talvez seja um ótimo momento para fazer uma boa reforma nesse "jardim". E a melhor forma de fazer isso é junto. Chegaram aonde estão juntos e podem sair juntos, construindo algo novo. De forma intencional, comece limpando, tirando todo o mato e as ervas daninhas acumuladas e tudo que não serve mais. Isso pode ser feito com diálogo franco e aberto, com máxima transparência, abrindo o coração um para o outro. Então, faça um replantio e cuide do jardim com persistência, pois vai levar um tempo até que o verde e as primeiras flores comecem a surgir novamente.

Para manter o seu jardim sempre verde e florido será necessário parar um tempo todos os dias, identificar as necessidades diárias e supri-las, seja água, adubo, retirada de algum mato que apareceu, ou podar. Isso é priorizar! Todos os dias ver o que mais o outro está precisando e suprir. É apoio, carinho, colo, ouvir, conversar, resolver conflitos etc. Se ambos os cônjuges tiverem essa disposição, é provável que seu casamento será como um jardim verde e florido, no qual terão prazer em estar.

Se não aprendermos a valorizar a coisa certa, provavelmente chegaremos sempre ao mesmo lugar de frustração, desânimo, desprazer e desistência, olhando para o nosso casamento achando que acabou e não tem mais jeito. Assuma hoje mesmo a atitude de colocar o seu casamento no topo da lista de suas prioridades e passe a investir diariamente para que ele seja como um jardim verde e florido, agradável e desejável. Isso só depende de você. É uma questão de decisão e disposição. Se você decidir e agir para isso, ninguém poderá impedir!

São muitas coisas e pessoas que normalmente priorizamos equivocadamente, acima do nosso cônjuge ou relacionamento conjugal, muitas vezes, achando que é a coisa certa a priorizar. No entanto, isso gera um processo gradativo de destruição do relacionamento. A seguir, serão descritas, de forma resumida, coisas que, como tendência, colocamos acima do casamento. Cabe a cada um pensar e identificar o que tem priorizado, de forma errada, acima do seu cônjuge.

O LUGAR DOS FILHOS

A primeira coisa que geralmente é colocada acima do relacionamento conjugal na lista de prioridade são os filhos. Sempre peço aos casais para fazer uma lista de com itens de acordo com a importância que eles têm em sua vida e raríssimas são as vezes em que não encontro os filhos no topo da lista, ocupando o primeiro lugar, especialmente na lista das mulheres. Muitas chegam a ficar bem chateadas quando digo que os filhos não podem estar em prioridade, pois este lugar pertence ao esposo. Essa é uma verdade que precisa ser compreendida com a máxima urgência pelas esposas.

De acordo com John M. Drescher, em seu livro *Sete necessidades básicas da criança*, a necessidade mais primordial da criança é ter um sentido de valor ou significado. O grande equívoco está em pensar que essa necessidade pode ser suprida colocando-o no topo da lista de prioridade, dando a ele toda a sua atenção ou satisfazendo todos os seus desejos. Achar que, agindo assim, seu filho se sentirá amado e feliz é um grande engano.

Por muitas décadas, temos visto esse erro acontecer. Quando o relacionamento entre pais e filhos é priorizado, colocado acima do relacionamento conjugal, a atenção entre marido e mulher é negligenciada. Frequentemente a esposa priva o esposo de seu tempo, cuidados e amor, por estar, prioritariamente,

> São muitas coisas e pessoas que normalmente priorizamos equivocadamente, acima do nosso cônjuge ou relacionamento conjugal, muitas vezes, achando que é a coisa certa a priorizar. No entanto, isso gera um processo gradativo de destruição do relacionamento.

sempre cuidando, amando e dedicando tempo aos filhos. Grande parte dos esposos reclamam de mudanças significativas no comportamento da esposa em relação a eles depois da chegada dos filhos e do quanto elas eram mais parceiras anteriormente.

É preciso entender que o casamento é permanente, e a paternidade é temporária (e como passa rápido!). O casamento começou só com os dois e terminará da mesma forma; por isso, é muito importante que priorizemos o relacionamento conjugal, invistamos nele e nos empenhemos para preservá-lo saudável, sólido e satisfatório. Os filhos crescem e vão embora em um piscar de olhos, e é saudável que façam isso! Esse é o curso normal da vida e deve ser o desejo dos pais. Entenda que:

> Nada é mais importante para a felicidade de uma criança, bem como seu sentido de significado, do que o amor dos pais um pelo outro. Não existe nada de melhor para dar ao filho um sentido de valor do que permitir que ele observe e sinta a proximidade e dedicação entre seus pais.[1]

A criança é como uma semente com o potencial de se tornar uma árvore frondosa. Para isso acontecer, será necessário ter o ambiente favorável, com as condições apropriadas. É exatamente o bem-estar do relacionamento entre os pais que irá proporcionar o ambiente ideal para que a criança tenha um desenvolvimento saudável. Se os pais estiverem bem e satisfeitos em seu relacionamento, estarão felizes e isso será transmitido aos filhos, e lhes dará um sentido de valor pessoal. Portanto, os pais devem colocar o casamento acima dos filhos.

O que os pais precisam entender urgentemente é que, ao priorizar e investir no relacionamento conjugal, fortalecendo-o, estão também fortalecendo os seus filhos e proporcionando-lhes as condições favoráveis para desenvolverem todo o seu potencial. Os filhos precisam presenciar demonstrações de afeto, carinho, cuidado, perdão, amor e respeito entre seus pais no dia a dia, em casa. Isso, sim, lhes dará a base necessária para que se tornem adultos "saudáveis", para que construam relacionamentos sólidos e duradouros.

---

[1] John M. Descher, *As sete necessidades básicas da criança*, p. 21.

Não é o melhor para os filhos que eles sejam o centro das atenções na família; entretanto, o que mais temos visto é tudo sendo feito para satisfazer os desejos das crianças. Com isso, o resultado é que temos gerações de pessoas cada vez mais egoístas e intolerantes à frustração. O centro das atenções em uma família deve ser o relacionamento entre marido e mulher, ou melhor, o seu cônjuge. Se o casal não entende isso, dificilmente conquistará um casamento de sucesso.

Motivados pela mídia, muitos pais estão empurrando as crianças a assumirem postura e comportamentos adultos cada vez mais precocemente. Os limites de papéis entre pais e filhos estão menos claros e, por isso, há uma inversão de poder. Muitos pais abandonaram a posição de autoridade para ser "pais legais". Pensam que podem ter autoridade dando liberdade e tratando os filhos como "iguais". Entretanto, a permissividade excessiva produz nos filhos sentimento de insegurança, frustração e incompetência. Bem diferente do que se pensa.

Os filhos devem respeitar os pais e, por respeito, obedecer a eles. Acontece que os pais terão o respeito dos seus filhos quando forem autoridade sobre eles, e autoridade parental não se estabelece nem funciona com democracia. Muitos pais querem estar sempre abertos, deixando que os filhos escolham tudo; no entanto, esses genitores não têm ideia do mal que estão fazendo a seus filhos ao quererem que eles, tão precocemente, participem de decisões que, para eles, são complexas. É complicado para uma criança ter de tomar decisões o tempo todo, lidar com seus desejos e saber o que quer: "O que vamos comer ou fazer hoje? Em que lugar você quer passar as férias este ano?".

"Seu filho precisa mesmo ser tão feliz?", dizia o título de um artigo que chamou a minha atenção. O autor falava do quanto os pais hoje vivem para "fazer o filho feliz" e do que eles são capazes de fazer para isso: gastos exorbitantes em festas de aniversário,

> O que os pais precisam entender urgentemente é que, ao priorizar e investir no relacionamento conjugal, fortalecendo-o, estão também fortalecendo os seus filhos e proporcionando-lhes as condições favoráveis para desenvolverem todo o seu potencial.

brinquedos, roupas, viagens etc., talvez na tentativa de compensar uma ausência (física ou não). Fato é que as crianças de hoje estão nascendo para serem felizes e esse tem se tornado o projeto de vida dos pais. Mas e o cônjuge? Quando der. Se der.

Será que os filhos precisam de tudo isso? Sem dúvida, não! Do que eles precisam, na verdade, é de adultos equilibrados para educá-los. Adultos que não podem deixar de se ocupar com muitas coisas, de fato, importantes para viver em função de "fazer os filhos felizes". O que vemos são pais extremamente sobrecarregados e frustrados, desdobrando-se para atingir essa meta inatingível.

Pais, prestem atenção: O que seus filhos mais precisam é de alguém para direcioná-los, e no caminho, acompanhando vocês, seguindo uma ordem, eles vão aprendendo a se frustrar, entendendo os seus limites e percebendo que nem sempre podemos ter tudo o que queremos, na hora que queremos, mas que, mesmo assim, podemos ser felizes, pois a felicidade não está nisso.

Uma criança que sempre foi o centro das atenções e teve pessoas prontas para atender a todas as suas vontades provavelmente terá uma adolescência frustrante e será um adulto também frustrado e insatisfeito. As crianças precisam de adultos equilibrados para norteá-las, mas os adultos querem se igualar às crianças ou querem que as crianças se igualem a eles. E, com isso, ficam todos confusos e perdidos. Educar seus filhos vai muito além de deixá-los jogar videogame até tarde ou comer a sobremesa antes do jantar só porque eles estão querendo muito.

Não estou aqui, de forma alguma, sugerindo que você priorize o seu casamento e deixe os filhos de lado, largados. Estou dizendo que eles precisam ter a atenção devida e não ser o centro das atenções ou a prioridade máxima, pois não é assim que eles desenvolverão um sentido pessoal de valor e se sentirão amados. Os filhos precisam da presença de qualidade dos pais e que estes sejam referência e inspiração de caráter e de ser humano para eles seguirem.

> Ensina a criança no caminho em que deve andar, e, ainda quando for velho, não se desviará dele (Provérbios 22:6).

> Amarás, pois, o Senhor, teu Deus, de todo o teu coração, e de toda a tua alma, e de toda a tua força. Estas palavras, que hoje te ordeno, estarão no teu coração [...] (ARA) Ensine-as com persistência a seus filhos. Converse sobre elas quando estiver sentado em casa, quando estiver andando pelo caminho, quando se deitar e quando se levantar (Deuteronômio 6:5-7).

É disto que os filhos precisam: pais que ensinem, no caminho, com a própria vida. Que tenham clareza daquilo em que creem e para onde estão indo, que ajudem os filhos a terem-na também. Que sejam pais que amam a Deus de todo coração e ensinam seus filhos a amá-lo também. Pais que se amam e cuidam um do outro.

Investir em tempo de qualidade, envolver-se e conhecer as necessidades de cada filho, isso, sim, fará diferença na vida dos filhos. Vários problemas emocionais dos filhos estão intimamente relacionados à ausência dos pais. E, muitas vezes, não se trata de uma ausência física, mas ausência de referência e de exemplo de vida.

Relacionamentos são construídos no dia a dia. Tanto com os filhos quanto com o cônjuge. Priorizar o cônjuge é um ótimo investimento na construção de bons relacionamentos com os filhos. Ser amigo dos filhos é importante. Amigo compreende, ouve, acolhe e confia. No entanto, filhos precisam de pais que sejam, primeiramente, pais que eduquem, disciplinem, ponham limites e estabeleçam uma ordem. Pais que, acima de tudo, respeitem-se, amem-se, perdoem-se, cuidem um do outro e compartilhem sonhos. É assim que os filhos se sentirão amados, cuidados e com um sentido de valor pessoal.

> Pais que, acima de tudo, respeitem-se, amem-se, perdoem-se, cuidem um do outro e compartilhem sonhos. É assim que os filhos se sentirão amados, cuidados e com um sentido de valor pessoal.

Ensinar os filhos com atitudes, mais que com palavras, é, sem dúvida, imprescindível. Entretanto, as palavras também terão um impacto imensurável na vida deles. Bem mais que fazer dos filhos o centro de toda a atenção, o que eles ouvem da

> Bem mais que fazer dos filhos o centro de toda a atenção, o que eles ouvem da boca dos pais irá afetá-los por toda a vida, para o bem ou para o mal.

boca dos pais irá afetá-los por toda a vida, para o bem ou para o mal: "A língua tem poder sobre a vida e sobre a morte; os que gostam de usá-la comerão do seu fruto" (Provérbios 18:21).

Muitos pais não têm noção ou ignoram o poder de suas falas. As palavras deles soam como decretos sobre a vida dos filhos e refletem diretamente na construção da autoimagem, autoconceito e autoestima. As palavras podem tanto curar como adoecer. De nada adianta fazer todas as vontades de seus filhos e lançar sobre eles palavras que os afetarão negativamente por toda a vida. Palavras que podem levar seus filhos a construírem uma autoimagem e um autoconceito negativos, que afetarão sua autoestima e autoconfiança. Por outro lado, palavras de instrução e ensino, com amor, têm o efeito contrário.

> Não evite disciplinar a criança; se você a castigar com a vara, ela não morrerá (Provérbios 23:13).

> Quem se nega a castigar seu filho não o ama; quem o ama não hesita em discipliná-lo (Provérbios 13:24).

> A insensatez está ligada ao coração da criança, mas a vara da disciplina a livrará dela (Provérbios 22:15).

> Discipline seu filho, e este lhe dará paz; trará grande prazer à sua alma (Provérbios 29:17).

Disciplinar é um ato de amor! E vale ressaltar que estou me referindo a aplicar a disciplina com equilíbrio, bom senso, autocontrole e "nunca" em público, de forma a causar constrangimento à criança. É preciso disciplinar para crescer e amadurecer, mas, com certeza, com amor e sabedoria. Haverá crescimento desde que haja aprendizado, e este ocorrerá se a criança compreender o que fez de errado e o porquê da disciplina.

Filhos precisam de disciplina, proteção e limites claros. Deixá-los sem limites claros e por sua própria conta, protegê-los excessivamente resultará em desastre; inclusive, tal procedimento é uma das causas de delinquência.

Pais, amem muito seus filhos, separem tempo para estar com eles, juntos no caminho, conhecendo, ensinando e disciplinando. Sejam exemplo e inspiração para eles. Sejam amigos deles também, mas não ponham o relacionamento com eles acima do relacionamento conjugal.

Nunca se esqueçam de que o que seus filhos mais precisam para se desenvolverem saudáveis e felizes é presenciar o amor entre você e seu cônjuges, os pais deles. Eles precisam ver a demonstração de afeto e cuidado que nutrem um pelo outro, a disposição de servir e perdoar. Esse é o melhor aprendizado que vocês podem dar a seus filhos: cuidar muito bem do seu "jardim" e mantê-lo sempre verde e florido, desejável e agradável a todos.

QUANDO O TRABALHO SE TORNA "TUDO"

Quando o trabalho se torna a coisa mais importante, o casamento tende a ruir. Se, por um lado, as mulheres têm a tendência de priorizar os filhos acima do casamento (salvo raras exceções), por outro lado, os homens, geralmente, tendem a colocar o trabalho acima do relacionamento conjugal. Muitos maridos agem assim, achando estar priorizando a coisa certa, o fazem com a melhor das intenções, mesmo estando totalmente equivocados. E não se pode deixar de considerar as exceções, pois muitas mulheres também têm incorrido neste erro de colocar a carreira e o trabalho acima de tudo, chegando, inclusive, a abrir mão de ter uma família em função de posições mais importantes na carreira.

Entretanto, em geral, ainda são os homens que sentem sobre os seus ombros o peso da responsabilidade de prover o sustento da família. Mesmo que tenham a ajuda da esposa, o que é normal atualmente, prover ainda é algo que traz muita preocupação a eles. Por isso, é comum ouvir as mulheres se queixando de que os esposos só vivem para o trabalho e não têm tempo para elas. E, do outro lado, ouvir os esposos dizerem que se "matam" de trabalhar para dar o melhor para suas famílias e não entendem por que as esposas reclamam tanto.

Aqui, temos mais uma vez uma atitude de priorizar a coisa errada que tem levado ao desgaste gradativo e, muitas vezes, ao fracasso do casamento. É uma história que se repete. Esposos sobrecarregados, com agendas extremamente cheias com o trabalho, chegam em casa tão cansados, estressados e sem paciência que tratam as esposas com grosseria e/ou indiferença. Não têm energia nem disposição para conversar e, muito menos, para ouvir (o que elas necessitam tanto), pois só querem ficar sozinhos, fazendo algo para descansar, aliviar a mente ou até mesmo para pensar em soluções para os problemas do trabalho.

Aí está um processo destrutivo estabelecido, o qual, vivenciado repetidamente por anos, chegará a uma situação em que encontraremos uma esposa com suas necessidades primordiais de atenção não supridas, carente, sentindo-se abandonada, não amada, malcuidada e insatisfeita, apesar do esforço enorme que seu esposo acredita estar fazendo para vê-la feliz. E, do outro lado, um esposo com suas necessidades primordiais de afirmação não supridas, frustrado, irritado, carente, sentindo-se incompetente e insatisfeito, porque a mulher só reclama, não o apoia nem valoriza seus esforços de trabalhar tanto. Assim, ambos acham que se doam tanto e não recebem retorno do outro; sentem que, apesar dos seus esforços, o outro parece cada vez mais infeliz e insatisfeito.

Então, começam a pensar que, talvez, o casamento tenha sido um erro ou que aquela não era a "pessoa certa". E, por fim, tomados pelo desânimo, começam a considerar que o fim do casamento possa ser mesmo o melhor para todos.

Essa tendência do homem de colocar o trabalho acima de tudo não é por acaso e é importante entender isso. Desde o princípio, o homem foi designado como provedor da família, e ele não conseguirá fugir desse propósito. Ao ser posto para fora do jardim, recebeu a consequência de ter que trabalhar duro para comer (Gênesis 3:17-19). O próprio homem se cobra pelos resultados do seu trabalho e sente pavor de que sua família venha passar necessidade. Para ele, é uma questão de valor próprio e honra. Para os esposos, é uma questão de se sentir competente e útil.

O homem, por sua natureza, salvo raras exceções, é competitivo e, por isso, está sempre se comparando aos outros homens e tentando ser melhor do que eles, experimentando sentimentos bastante negativos, achando-se inferior. Tudo que estiver relacionado a trabalho, ou que signifique um desafio, ganha o centro da sua atenção. E, assim, ele mergulha no trabalho e deixa a esposa em casa, carente. Um homem pode conversar horas sobre trabalho, mas tem muita dificuldade de conversar por minutos sobre o relacionamento com sua esposa. Ela interpreta que ele não a ama e que há algo errado com ela, já que entende que ele tem mais prazer em estar no trabalho do que na companhia dela.

O desejo de ter a atenção total do esposo está na natureza da mulher. O maior desejo dela é ser vista e tratada por ele como única, a mais especial de todas; escolhida entre todas as demais, aquela pela qual ele abre mão de tudo. Contudo, ele está com os olhos no trabalho, no próximo desafio a conquistar e fica irritado quando ela reclama que ele não lhe dá atenção.

O maior desejo dele é que a esposa entenda a sua necessidade de trabalhar muito e o apoie e aprecie por se esforçar e se dedicar tanto para dar o melhor a ela e aos filhos. Quando ela se queixa, ele a vê como empecilho para suas conquistas e sente-se frustrado. Quanto mais ele se dedica ao trabalho, mais a sua esposa tenta ganhar a sua atenção. Ela, frustrada e carente, para conseguir a atenção do esposo, tenta investir na aparência, fazer chantagem emocional, tem crise de ciúmes e acaba deixando-o mais frustrado.

Quando o cônjuge não é priorizado, uma dinâmica vai se consolidando e gerando problemas cada vez maiores. Torna-se um ciclo destrutivo em que as necessidades não supridas produzem uma carência e um acúmulo de decepções, frustrações e ressentimentos. Isso causa desconexão entre eles, gerando esfriamento gradativo na relação. Ambos passam a duvidar do amor um do outro. O sentimento de desconfiança produz uma necessidade de controle e aumenta a cobrança, gerando desânimo e podendo chegar à desistência. Isso se torna um ciclo terrível, e muitos relacionamentos não subsistem. Muitas vezes, um dos dois acaba se envolvendo com outra pessoa por pensar que esta possa suprir a lacuna que a desconexão está deixando.

Esse ciclo pode ser interrompido com o simples fato de colocar o relacionamento conjugal no topo da lista de prioridades e mantê-lo lá. Quando os cônjuges entendem isso e agem assertivamente, há reflexos positivos em tudo. Ambos se empenharão diariamente, investindo e cuidando do seu "jardim" para que esteja sempre verde e florido, agradável e desejável. Se esforçarão para suprir as necessidades um do outro, pois satisfazer o cônjuge torna-se uma prioridade e um grande prazer. Isso aumentará o nível de satisfação e de confiança, diminuindo a frustração, o controle e as cobranças, promovendo admiração, cumplicidade e respeito.

> Quando o cônjuge não é priorizado, uma dinâmica vai se consolidando e gerando problemas cada vez maiores. Torna-se um ciclo destrutivo em que as necessidades não supridas produzem uma carência e um acúmulo de decepções, frustrações e ressentimentos.

Antes de concluir este ponto, quero fazer uma observação que considero relevante. Trata-se do fato de que, além de priorizarem os filhos e deixarem os maridos abandonados, as mulheres, muitas vezes, exageram no cuidado e na atenção com a casa, o que causa muitos transtornos. Essa atitude de valorizar equivocadamente a casa acontece com uma frequência significativa e leva o relacionamento para o mesmo ciclo destrutivo.

Cuidado, esposas, para que sua casa não se torne tudo em sua vida. Prestem bem atenção se vocês não estão colocando o cuidado com a casa no topo da lista de prioridades, acima do relacionamento conjugal. E, por dar tanta atenção e valor à casa, se sentem sobrecarregadas e não têm disposição e energia para cuidar do esposo, deixando-o carente. Muitas vezes, ao agir assim, a esposa faz com que seu esposo não se sinta à vontade na própria casa, devido a tanto cuidado e exigências. E vale ressaltar que, muitas vezes, há maridos que preferem ficar mais no trabalho por não terem prazer de voltar para casa.

INTERFERÊNCIA DE TERCEIROS: QUANDO O "DEIXAR" NÃO ACONTECE

Entre outras coisas que tomam o lugar de prioridade no casamento estão as famílias de origem do casal, que, muitas vezes, continuam a ser a prioridade na vida de um ou ambos os cônjuges e causam um desgaste gradativo no relacionamento, às vezes, chegando ao ponto de destruí-lo.

Como foi dito, para alcançar um casamento de sucesso, um cônjuge precisa se tornar a prioridade máxima para o outro. Sua atenção e sua energia precisam estar voltadas primeiramente para o seu casamento. Nada, além de Deus, pode ter mais prioridade na vida de um casal do que o seu cônjuge.

Como foi visto anteriormente, no princípio, quando Deus instituiu o casamento, Ele disse que: "... o homem deixará pai e mãe e se unirá à sua mulher, e eles se tornarão uma só carne" (Gênesis 2:24).

Percebe-se que o "deixar" deve acontecer primeiro que o "unir-se". E esse "deixar" precisa ser concretizado em todas as áreas: financeira, geográfica, emocional e espiritual. O que isso significa? Que tanto o homem quanto a mulher devem romper o vínculo de dependência com suas famílias de origem, especialmente com os pais, para assumirem as responsabilidades dos papéis que agora lhe cabem de governo e administração de sua própria família.

Deixar pai e mãe para construir uma nova família não significa romper o relacionamento com os pais e familiares, mas se relacionar de outra forma com eles. Não significa, de forma alguma, abandoná-los, deixar de apoiá-los, ajudá-los e honrá-los. Eles continuam sendo especiais e seus conselhos e ensinamentos continuam sendo de suma importância e devem ser considerados, mas limites precisam ser colocados.

O ponto mais relevante do deixar pai e mãe é a *mudança de prioridade* que ambos os cônjuges precisam ter. Muitas pessoas casam, e a palavra de seus pais ou familiares continua tendo maior peso para elas que a do seu cônjuge. A prioridade máxima na vida delas continua sendo sua família de origem, e não seu cônjuge, o que será um grande problema.

Isso pode acontecer tanto do lado da esposa como do esposo e, geralmente, é reflexo do tipo de relacionamento que cada um tinha com pai, mãe e irmãos antes de se casarem. Se havia uma relação anterior de muito apego e dependência com o pai, a mãe, ou os irmãos, a tendência, principalmente no início do casamento, é tentar manter o mesmo nível de relacionamento e alimentar uma expectativa irreal de que "nada vai mudar". Algumas vezes, isso pode se prolongar por anos e destruir o casamento.

> O ponto mais relevante do deixar pai e mãe é a *mudança de prioridade* que ambos os cônjuges precisam ter.

O "deixar" é o princípio da emancipação que deveria acontecer de forma natural, pois é o desenvolvimento saudável. Emancipação significa ter maturidade. Amadurecer é necessário e implica sair de uma total dependência para uma dependência relativa. Todo ser humano, em seu desenvolvimento normal, deve fazer esse percurso. Uma dependência relativa é ter essas pessoas, com as quais eu sei que posso contar e a quem posso recorrer sempre que eu realmente precisar, mas devo assumir minha vida, minhas decisões e responsabilidades. A prioridade máxima passa a ser o cônjuge, com o qual desenvolvo uma relação de interdependência de forma equilibrada e saudável.

Antes de acontecer uma união (fusão) física e se tornarem uma só carne, tem que haver uma separação dos pais (e familiares). Muitos conflitos surgem quando o "deixar" não acontece, e continua havendo uma interferência, especialmente dos pais, no casamento dos filhos. Muitos pais, principalmente mães, criam filhos para si e geram neles um sentimento de dívida a ser paga no decorrer da vida. Isso é sério. Essa sensação de dívida eterna para com os pais, bem presente na cultura latina, resulta em uma grande dificuldade dos filhos para se desconectarem dos genitores, devido ao sentimento de culpa que isso gera.

Esse "deixar" também precisa ser em honra, porém é preciso ter cuidado para não confundir o que significa "honrar". Honrar não é assumir a vida dos pais ou colocá-los acima do cônjuge; é reconhecer o que o outro é e significa. É respeitar, ter reverência, considerar e ter um compromisso de cuidar e dar apoio dentro do possível e, certamente, com limites.

Muitos pais não permitem que os filhos os "deixem", às vezes, fazendo chantagem emocional, manipulando ou até mesmo ameaçando. Com isso, causam muitos problemas para a vida conjugal dos filhos, quando deveriam contribuir para a emancipação deles, pois isso demonstra que "fizeram um bom trabalho", além de ser saudável.

> Muitos conflitos surgem quando o "deixar" não acontece, e continua havendo uma interferência, especialmente dos pais, no casamento dos filhos.

Criar os filhos para "deixar" é o melhor a se fazer. A mãe tem de se sentir feliz ao ver o filho passar a priorizar a esposa (nora) e não mais ela (mãe), pois é assim que deve ser dentro dos princípios originais estabelecidos por Deus para o casamento.

Por outro lado, muitos filhos não entendem o princípio do "deixar" e não conseguem desconectar-se dos pais. Com isso, não fazem a mudança de prioridade e colocam o cônjuge sempre em segundo plano. Certamente, terão um cônjuge frustrado, inseguro, insatisfeito, ferido e será bem difícil ter um casamento bem-sucedido. O mesmo ciclo destrutivo de acúmulo de decepções, frustrações e desânimo se instala.

É preciso "deixar" os pais em todas as áreas. Para isso, é necessário ter coragem para correr riscos e sofrer a "perda do ninho".

A forma mais eficaz de o casal crescer junto é estar fora do limite territorial dos pais. "Quem casa quer casa"; quer assumir a própria vida e seu cônjuge. Casais que moram com os pais ou permitem que os pais morem com eles, seja por motivos financeiros, afetivos ou outros, perdem a liberdade de construir o seu próprio lar da forma que desejam e de formar a sua própria identidade como casal. Isso não é bom e traz muita frustração. Vale ressaltar que não estamos considerando situações de extrema necessidade e que podem acontecer, mas estamos falando de condições normais.

Emancipação é o processo normal de maturidade pessoal e também inclui maturidade espiritual. Isso está relacionado a ter clareza e certeza do que se crê, ter convicções bem definidas. Não viver pela experiência de fé dos pais, mas iniciar a sua própria caminhada de fé e ter uma relação pessoal com Deus, passando a depender, confiar e descansar integralmente nele. Assumir também a responsabilidade de ser exemplo e referência nessa área para o cônjuge e os filhos. E, como mencionado no início deste livro, como ponto de partida, a primeira atitude para conquistar um casamento de sucesso é cada um ter, individualmente, uma aliança e um compromisso de fidelidade com Deus; sendo assim, todo o resto fica muito mais fácil.

Cada cônjuge precisa compreender a importância de fazer essa mudança de prioridades, passando a considerar o cônjuge a pessoa mais importante, pois isso é fundamental para conquistar um casamento de sucesso. Entendendo isso, cada cônjuge também poderá ajudar o outro a lidar com os seus respectivos familiares e colocar os limites necessários. Estou falando de cada cônjuge colocar seus pais e familiares no devido lugar e ajudar um ao outro quando seus pais e/ou familiares quiserem ultrapassar esse limite, não permitindo que possam interferir negativamente no seu relacionamento conjugal, mesmo que seja com a melhor intenção.

É um desafio para qualquer casal não permitir que seus familiares e, muitas vezes, até amigos, ultrapassem os limites estabelecidos. O desafio será ainda maior quando já havia uma relação de muita interferência na vida dos cônjuges. Por isso, cabe a cada um dos cônjuges estabelecer limites para os familiares do seu lado, impedindo-os de se intrometerem em seu casamento. Lidar com familiares é sempre um assunto delicado, mas necessário de ser abordado. Quando um cônjuge compartilha sobre os conflitos pessoais do casamento com familiares ou amigos, dão a eles a oportunidade de opinar ou mesmo julgar o outro cônjuge, gerando mais conflitos.

Existe uma tendência natural das famílias de origem em criar uma certa resistência à pessoa que está entrando para a família e ter a expectativa de que o relacionamento entre o ente querido e a família não mudará. Por isso, é necessário ter sabedoria para colocar limites e não entrar em uma disputa ou desentendimento com os pais ou familiares do outro. E se os familiares "intrometidos" forem os seus, priorize seu cônjuge, seja firme, estabeleça os limites sem ofender ninguém, mas deixe claro que a sua prioridade é seu esposo(a) e seus filhos, portanto, qualquer coisa feita contra eles será como se tivesse sido feita contra você.

Especialmente na área financeira, o "não deixar" gera muitas crises nos casamentos. Sempre que um cônjuge resolve "cooperar" com alguém da família que está precisando de ajuda financeira, há uma grande possibilidade de entrarem em conflito com seu cônjuge, especialmente se isso é feito sem uma conversa prévia e uma decisão conjunta, em consenso. Não há problema em ajudar um ente querido que precisa, desde que a ajuda seja feita depois de priorizar as necessidades do casal, na hora certa e do jeito certo, sem passar por cima um do outro.

Por fim, os parentes sempre serão nossos entes queridos, e é importante que os cônjuges também entendam que não tem como casar e serem apenas os dois, sem nenhuma participação dos familiares. É claro que tudo será mais fácil se houver um bom relacionamento

> É um desafio para qualquer casal não permitir que seus familiares e, muitas vezes, até amigos, ultrapassem os limites estabelecidos.

> Por isso, cabe a cada um dos cônjuges estabelecer limites para os familiares do seu lado, impedindo-os de se intrometerem em seu casamento.

com ambas as famílias de origem. Por isso, é importante rever as expectativas tanto dos cônjuges como das suas famílias de origem, estabelecer limites claros e, acima de tudo, valorizar o casamento, passando a dar prioridade ao cônjuge, e não mais aos pais, familiares ou amigos.

É tão bom quando nosso cônjuge tem um bom relacionamento com nossa família de origem. Sentimo-nos amados quando vemos nosso cônjuge tratando nossa família com consideração. Isso é muito importante, desde que haja limites bem definidos. Ter bons relacionamentos com as famílias de origem é aprender a negociar as diferenças. A melhor forma de fazer isso é com sabedoria, paciência, mansidão e amor, por meio de pedidos e nunca de exigências.

Leve seu relacionamento para o topo da lista de prioridades e mantenha-o lá. Priorizar o relacionamento conjugal é priorizar seu cônjuge e a si mesmo. É cuidar do seu cônjuge e de si mesmo o tempo todo, todos os dias um pouquinho, procurando suprir as necessidades diárias um do outro, para evitar que a carência e a insatisfação se acumulem, gerando o ciclo destrutivo que leva ao desânimo, a ponto de chegar à desistência.

Existe esposo, por exemplo, que não é capaz de investir nada na beleza de sua esposa. Acha tudo caro e supérfluo, mas fica atraído pela beleza da esposa alheia que é "bem cuidada". Há muitas esposas que não apoiam e incentivam seus esposos a crescerem profissionalmente, mas se sentem atraídas pelos esposos alheios que possuem uma posição financeira "melhor". Invista em si mesmo e no seu cônjuge, tendo os cuidados diários necessários para manter seu casamento sólido o suficiente para suportar as crises e se fortalecer com as adversidades, para que seja agradável e desejável como um jardim verde e florido. Priorizar o casamento é criar agenda e fazer acontecer, e não esperar que apareça uma oportunidade ou haja tempo.

CONEXÃO LITERÁRIA

O casamento deve preceder a paternidade. Para o homem, o casamento deve vir em primeiro lugar; os filhos, em segundo, e o trabalho, em terceiro. Para a mulher, o casamento deve vir em primeiro lugar; os filhos, em segundo, e a carreira, em terceiro. Um bom casamento é pré-requisito de uma boa família. O casamento é permanente, a família é temporária. O casamento é essencial, a paternidade, secundária. O casamento é a roda, e os filhos são as travas. Um lar voltado para a criança é um mau exemplo para os filhos, a certeza de um mau casamento e um mau preparo para o ninho vazio. O cônjuge vem em primeiro lugar, antes dos filhos e do trabalho, ou carreira [familiares e qualquer outra coisa]. O homem deve amar a mulher como a si mesmo, e a mulher precisa tratar o marido com todo o respeito (Efésios 5:33).

Dr. J. Allan Petersen (citado por Zig Ziglar em *Namorados para sempre*, p. 45).

Exercício para a MULHER

IDENTIFICAÇÃO DE NECESSIDADES

Sinto que ele me ama quando...

1.
2.
3.
4.
5.

Sinto que ele não me ama quando...

1.
2.
3.
4.
5.

Exercício para o **HOMEM**

IDENTIFICAÇÃO DE NECESSIDADES

Sinto que ela me ama quando...

1.
2.
3.
4.
5.

Sinto que ela não me ama quando...

1.
2.
3.
4.
5.

YOUTUBE DA GISELE
@GiseleLima

Aponte seu celular para o QR code e acesse orientações valiosas para fortalecer e revigorar seu relacionamento conjugal.

Por que seu cônjuge deve ser sua prioridade
https://www.youtube.com/live/1RyhH5ypHo4?feature=shared

Deixando o ninho para construir um casamento feliz
https://www.youtube.com/live/tLl0jEoy0zs?feature=shared

Por que é tão desafiador criar filhos
https://youtu.be/gxeGY0kmF5A?feature=shared

Pais inesquecíveis
https://youtu.be/6j_pXfjD6Rk?feature=shared

Como treinar filhos vencedores
https://youtu.be/hszesYxo9aM?feature=shared

Como lidar com a sogra intrometida
https://youtu.be/eHyALU0tx9c?feature=shared

10 razões para não colocar os pais no lugar do cônjuge
https://youtu.be/uzu-Q g_uSVs?feature=shared

7 razões para manter seu cônjuge no topo da lista de prioridades
https://youtu.be/JUyVHi23nvU?feature=shared

Meu cônjuge vive para minha sogra
https://www.youtube.com/live/LIxtwlF0qcc?feature=shared

ATITUDE 4

RESOLVA OS CONFLITOS

Um dia vocês terão filhos e ao colocá-los na cama dirão a mesma frase: que irão amá-los para sempre. Não conheço pais que pensam em trocar os filhos pelos filhos mais comportados do vizinho. Nem conheço filho que queira trocar os pais por outros "melhores". Eles aprendem a conviver com os pais que têm. Casamento é o compromisso de aprender a resolver as brigas do dia a dia de forma construtiva, o que muitos casais não aprendem, e alguns nem tentam aprender.

Stephen Kanitz[1]

COMPREENDENDO A IMPORTÂNCIA DAS DIFERENÇAS

"Deixará o homem pai e mãe e se unirá à sua mulher..." (Gênesis 2:24). Unir-se a outra pessoa tão diferente e tornar-se uma só com ela é, sem dúvida, um grande desafio e gera conflitos. É a crise da fusão; de passar a compartilhar todas as coisas.

---

[1] *O contrato de casamento.* Disponível em: https://blog.kanitz.com.br/contrato-casamento. Acesso em: 17 jul. 2023.

Certamente, precisa ter uma decisão pessoal e muita disposição para compreender a importância das diferenças e passar a usufruir disso, beneficiando-se delas.

Vejo muitas pessoas que se amam de verdade, mas não conseguem fazer o relacionamento funcionar bem; por acharem que são diferentes demais, dizem: "Somos incompatíveis". Se elas compreendessem que devemos ser mesmo diferentes e que há benefícios nisso, então poderiam ver as diferenças como potencializadoras do relacionamento.

Duas pessoas sempre serão muito diferentes. Há diferenças de gênero, de personalidade, de criação e tradições familiares, de história e experiências de vida, às vezes, até de culturas, dentre outras. No casamento, cada um chega com todas essas bagagens, as quais vão sendo abertas no dia a dia, na convivência. Então, as diferenças vão ficando visíveis e desfazendo as expectativas irreais que cada cônjuge havia criado. Assim começam a surgir as frustrações, decepções e muitos conflitos.

Antes de ter clareza sobre as diferenças, temos muitas expectativas irreais sobre o outro e, na maior parte dos casos, exageramos. Esperamos que o outro mude e seja exatamente como gostaríamos que fosse, ou, que o outro permaneça sempre o mesmo. Criamos uma expectativa de que o outro possa suprir tudo que "eu" preciso continuamente. Enquanto colocarmos sobre o outro a responsabilidade, seja pelo problema ou pela solução, viveremos frustrados. Enquanto acharmos que dependemos do outro para ser feliz, estaremos infelizes.

Sob uma convicção cristã, sabemos que nada além de Jesus Cristo pode ser fonte para nos suprir em todas as áreas. Se isso não for entendido, continuaremos esperando do outro o que ele nunca poderá dar e viveremos frustrados. Já foi dito sabiamente que "a frustração será sempre proporcional à expectativa". Na verdade, esperamos que o outro faça o que nós mesmos não estamos dispostos a fazer.

> Enquanto colocarmos sobre o outro a responsabilidade, seja pelo problema ou pela solução, viveremos frustrados. Enquanto acharmos que dependemos do outro para ser feliz, estaremos infelizes.

RESOLVA OS CONFLITOS

> "A frustração será sempre proporcional à expectativa". Na verdade, esperamos que o outro faça o que nós mesmos não estamos dispostos a fazer.

As diferenças serão fonte de conflitos enquanto não forem compreendidas. Para isso, é preciso disposição e desejo para conhecer a si mesmo e ao outro. Quando compreendemos as diferenças, deixamos de julgar e cobrar do outro. Temos expectativas mais reais e, assim, frustramo-nos e decepcionamo-nos menos em relação ao outro. Quando conseguimos valorizar as diferenças, deixamos de limitar o outro, mas usufruímos de todo o seu potencial.

Homens e mulheres são diferentes em quase tudo, e isso precisa ser compreendido, pois apenas essas diferenças podem ser suficientes para separar um casal, se não forem compreendidas. Sobre essa questão você encontrará muito material, por isso, aqui o foco será dado às diferenças de temperamentos. Deixo, portanto, algumas sugestões de leitura sobre diferenças de gênero, as quais considero relevantes. Há um título excelente, que considero um grande clássico: *Homens são de Marte, mulheres são de Vênus*, de John Gray. Também sugiro *Mulheres falam isso, homens entendem aquilo*, de Hilke Steinfeld, e *Por que os homens jogam e mulheres compram sapatos*, de Alan S. Miller.

> Quando compreendemos as diferenças, deixamos de julgar e cobrar do outro. Temos expectativas mais reais e, assim, frustramo-nos e decepcionamo-nos menos em relação ao outro.

Um dos maiores pontos de conflitos é a falta de conhecimento de si mesmo e do outro. Esse conhecimento fará toda a diferença no relacionamento. Cada pessoa é única, mas existem características parecidas que se repetem, formando um certo padrão. A esses diferentes "jeitos de ser", deu-se o nome de temperamentos. É muito importante ter um mínimo de esclarecimento sobre isso. Esse não é um tema irrelevante como muitos pensam.

Há pessoas que desprezam essa questão dos temperamentos por achar que não está relacionado às coisas de Deus; outros, por não considerarem que tal questão possa ter alguma importância para o relacionamento conjugal. No entanto, pensando assim, podemos perder algo bastante relevante, que pode minimizar os conflitos nos relacionamentos. Em Salmos 139:13-15 lemos:

> Tu criaste o *íntimo* do meu ser e me teceste no ventre da minha mãe. Eu te louvo porque me fizeste de modo especial e admirável. Tuas obras são maravilhosas! Digo isso com convicção.

Como o autor de Salmos, podemos ter convicção de que Deus formou o nosso íntimo e, ao nos "tecer", Ele fez um "todo": corpo, alma e espírito (1Tessalonicenses 5:23), e isso inclui o nosso temperamento. Ter esse conhecimento pode fazer toda a diferença em nosso relacionamento conjugal, pois nos leva a uma compreensão de que se Deus nos fez com jeitos diferentes de ser, certamente, tem um propósito. Isso é para que possamos nos complementar, somando nosso potencial ao do nosso cônjuge, para sermos melhores e nos moldarmos um ao outro em nossas limitações, e também para sermos pessoas melhores.

A compreensão mais significativa desse trecho do salmo 139 talvez seja a de que somos feitos com temperamentos diferentes, mas todos com o mesmo valor! Significa que não há ninguém melhor que ninguém, mas que todos foram criados igualmente, de forma especial e admirável. Compreendendo isso, podemos entender que é bom sermos diferentes, e que isso não significa ser melhor ou pior, certo ou errado. Assim, podemos valorizar nossas diferenças e usá-las para somar, agregar e potencializar a relação.

Deus criou um mundo repleto de diversidades que funcionam em harmonia e sincronismo, em interdependência. Não seria diferente com o ser humano. Os diferentes jeitos de ser são para nos complementarmos e sermos melhores, trabalhando em conjunto, unindo o que temos de distinto para aumentar nosso potencial e chegarmos mais longe.

O grande desafio é *fortalecer a unidade*, apesar das diferenças. Uma casa dividida não subsistirá (Marcos 3:22). É importante não confundir: *unidade não é uniformidade*. Temos jeitos distintos de ser, não há como padronizar. As diferenças de estilos ou "jeitos de ser" podem ser ajustadas com conhecimento e diálogo. Se houver disposição e parceria, isso só aumentará o potencial do casal. Somando o que um tem com o que o outro possui, o casal será melhor e conquistará mais.

A questão é quando se trata de convicções, pois envolve princípios. Nesse caso, tem de haver concordância, não pode existir diferenças e não há negociação. Por isso, é preciso fazer a distinção entre diferenças de estilo e de princípios. Um casal pode ter opiniões diferentes sobre diversas coisas, pode ter jeitos distintos de fazer quase tudo, mas devem ter convicções parecidas a respeito do casamento, especialmente sobre os princípios originais instituídos por Deus. Essas convicções podem sustentar a relação quando as opiniões e os estilos forem divergentes.

Se compartilharmos os mesmos valores e princípios bíblicos, isso irá suplantar as diferenças de estilo e quaisquer outras discordâncias. Se há concordância de princípios, as demais diferenças poderão ser ajustadas e superadas. A unidade não acontece de forma automática, mas *intencionalmente*. Se tudo for feito em amor e com disposição de servir, haverá concordância e unidade. Deus opera onde há unidade.

A seguir, façam, cada um, o próximo exercício que pode ajudar vocês a começarem a ter uma ideia sobre qual é o "jeito de ser" de cada um. Sempre lembrando que não há um temperamento melhor ou pior, apenas diferentes formas de ver o mundo, de lidar com as situações, de se expressar, de agir e reagir, de se relacionar. Todos os temperamentos têm pontos fortes e pontos fracos. Ter esse conhecimento nos ajuda a aproveitar melhor o que temos de forte e a minimizar aquilo que nos limita.

Após o exercício, darei uma explicação breve e bastante simplificada sobre esse tema para que você tenha uma noção mínima do quanto são diferentes e em quais pontos. Essa compreensão ajuda um a entrar no universo do outro, que é muito diferente, e começar a entender como ele funciona. Se houver disposição, a partir desse entendimento, cada cônjuge pode fazer um ajuste, adaptando-se ao jeito de ser do outro. Isso não significa se tornar outra pessoa nem se anular.

Eu chego um pouco para lá e você chega um pouco para cá e nós nos encontramos em um caminho do meio. Dessa forma, cada um continua tendo a sua individualidade e mantendo uma unidade. Cada um se ajusta, dentro do seu limite, para satisfazer as necessidades do outro. Se os dois decidem fazer isso, não há como dar errado, pois ambos estarão satisfeitos. Quando temos nossas necessidades supridas, ficamos satisfeitos e nos sentimos felizes.

Pequenos ajustes podem fazer grandes diferenças. Em sua grande maioria, as pessoas que conseguem conquistar seus objetivos fazem uma série de pequenas coisas que precisam ser feitas diariamente. Inicie com pequenos ajustes e se disponha a fazer a sua parte. Não espere sentir vontade, pois o agir geralmente é anterior ao sentimento e estimula o desejo.

No exercício, não marque características que você é "às vezes" ou apenas em "determinadas" situações. Marque somente aquelas que mostram totalmente o que você é "sempre", na maioria das situações. Este é um simples exercício, apenas para lhe dar um *feedback* inicial para você mesmo. Não é uma avaliação. Quanto mais verdadeiro você for, melhor será seu *feedback*.

Exercício para a MULHER

Marque apenas as características que representam exatamente o que você é sempre.

☐ _____ ☐ _____

- ☐ Comunicativa
- ☐ Entusiasmada
- ☐ Convincente
- ☐ Carismática
- ☐ Sonhadora
- ☐ Gosta de uma vida empolgante
- ☐ Gosto de agradar a todos
- ☐ Barulhenta
- ☐ Desinibida
- ☐ Expressiva
- ☐ Animada
- ☐ Adora receber elogios
- ☐ Começa muitas coisas e não finaliza
- ☐ Perdoa facilmente
- ☐ Extravagante
- ☐ Anima o ambiente
- ☐ Extrovertida

☐ ___

- ☐ Dinâmica
- ☐ Determinada
- ☐ Decidida
- ☐ Ousada
- ☐ Gosta de desafios
- ☐ Prática
- ☐ Foco em resultados
- ☐ Competitiva
- ☐ Confiante
- ☐ Quer influenciar o mundo
- ☐ Gosta de empreender
- ☐ Independente
- ☐ Corre riscos
- ☐ Toma à frente e conduz
- ☐ Conhecida por suas conquistas
- ☐ Funciona bem sob pressão
- ☐ Bater metas a realiza

☐ ___

☐ _____ ☐ _____

- ☐ Detalhista
- ☐ Disciplinada
- ☐ Séria/fechada
- ☐ Pensativa
- ☐ Organizada
- ☐ Perfeccionista
- ☐ Desconfiada
- ☐ Crítica e exigente
- ☐ Comprometida
- ☐ Sempre leal
- ☐ Analisa bem para decidir
- ☐ Discreta
- ☐ Cuidadosa
- ☐ Não funciona bem sob pressão
- ☐ Sempre finaliza o que começa
- ☐ Valoriza a verdade
- ☐ Tenta sempre ser justa e ética

☐ ___

- ☐ Calma/tranquila
- ☐ Prefere que outros decidam
- ☐ Espera alguém tomar a iniciativa
- ☐ Respeitadora
- ☐ Observadora
- ☐ Raramente explode
- ☐ Estável/ritmo constante
- ☐ Despreocupada
- ☐ Não gosta de mudanças
- ☐ Gosta de tudo programado
- ☐ Evita conflitos
- ☐ Calada
- ☐ Paciente
- ☐ Diplomática
- ☐ Generosa
- ☐ Pacificadora
- ☐ Ótima ouvinte

☐ ___

▶ Some cada coluna e escreva o total no traço acima.
▶ Depois, escreva no outro traço: Extrovertida, Dominante, Analítica, Paciente, nessa sequência, e veja qual é predominante no seu jeito de ser.

Exercício para o HOMEM

Marque apenas as características que representam exatamente o que você é sempre.

- ☐ Comunicativo
- ☐ Entusiasmado
- ☐ Convincente
- ☐ Carismático
- ☐ Sonhador
- ☐ Gosta de uma vida empolgante
- ☐ Gosta de agradar a todos
- ☐ Barulhento
- ☐ Desinibido
- ☐ Expressivo
- ☐ Animado
- ☐ Adora receber elogios
- ☐ Começa muitas coisas e não finaliza
- ☐ Perdoa facilmente
- ☐ Extravagante
- ☐ Anima o ambiente
- ☐ Extrovertido

- ☐ Dinâmico
- ☐ Determinado
- ☐ Decidido
- ☐ Ousado
- ☐ Gosta de desafios
- ☐ Prático
- ☐ Foco em resultados
- ☐ Competitivo
- ☐ Confiante
- ☐ Quer influenciar o mundo
- ☐ Gosta de empreender
- ☐ Independente
- ☐ Corre riscos
- ☐ Toma à frente e conduz
- ☐ Conhecido por suas conquistas
- ☐ Funciona bem sob pressão
- ☐ Bater metas o realiza

- ☐ Detalhista
- ☐ Disciplinado
- ☐ Sério/fechado
- ☐ Pensativo
- ☐ Organizado
- ☐ Perfeccionista
- ☐ Desconfiado
- ☐ Crítico e exigente
- ☐ Comprometido
- ☐ Sempre leal
- ☐ Analisa bem para decidir
- ☐ Discreto
- ☐ Cuidadoso
- ☐ Não funciona bem sob pressão
- ☐ Sempre finaliza o que começa
- ☐ Valoriza a verdade
- ☐ Tenta sempre ser justo e ético

- ☐ Calmo/tranquilo
- ☐ Prefere que outros decidam
- ☐ Espera alguém tomar a iniciativa
- ☐ Respeitador
- ☐ Observador
- ☐ Raramente explode
- ☐ Estável/ritmo constante
- ☐ Despreocupado
- ☐ Não gosta de mudanças
- ☐ Gosta de tudo programado
- ☐ Evita conflitos
- ☐ Calado
- ☐ Paciente
- ☐ Diplomático
- ☐ Generoso
- ☐ Pacificador
- ☐ Ótimo ouvinte

▶ Some cada coluna e escreva o total no traço acima.
▶ Depois, escreva no outro traço: Extrovertido, Dominante, Analítico, Paciente, nessa sequência, e veja qual é predominante no seu jeito de ser.

```
        ┌──────────────┐         ┌──────────────┐
        │  ANALÍTICO / │         │  DOMINANTE / │
        │  MELANCÓLICO │         │   COLÉRICO   │
        └──────────────┘         └──────────────┘

        ┌──────────────┐         ┌──────────────┐
        │   PACIENTE / │         │ EXTROVERTIDO/│
        │   FLEUMÁTICO │         │   SANGUÍNEO  │
        └──────────────┘         └──────────────┘
```

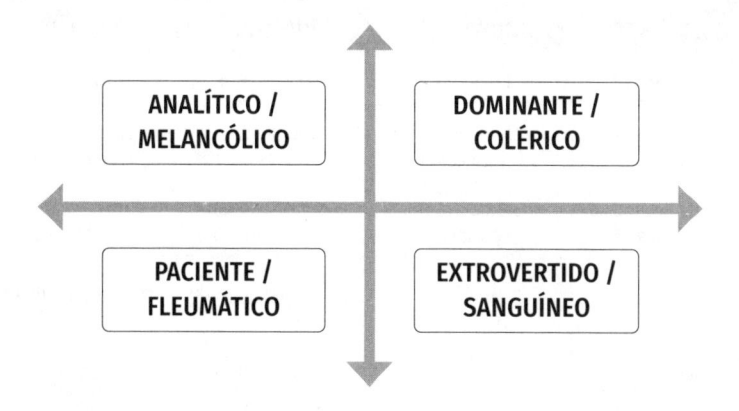

Ninguém é 100% um temperamento. Todos temos alguma característica dos quatro. Atualmente há estudos defendendo a existência de um quinto temperamento, mas não entraremos nessa discussão. É como se esses quatro temperamentos fossem quatro cores que Deus, com diferentes porcentagens, usou ao nos tecer no ventre materno, resultando em uma mistura única. Entretanto, temos um traço de cor que predomina sobre os outros e este é o que reflete no nosso "jeito de ser", de nos comportar, agir e reagir.

Geralmente, temos mais facilidade de lidar com pessoas de temperamentos parecidos, pois nos identificamos com elas. É como se falássemos uma mesma linguagem e, por isso, há mais facilidade de compreensão. Pessoas com temperamentos opostos têm a tendência a ter mais dificuldades de convivência, porém os opostos é que se atraem. O segredo para o convívio é a compreensão das diferenças. Agir de maneira que o outro entenda o que eu penso e do que gosto, sem feri-lo nem me anular.

A seguir, veja um quadro resumido das principais características de cada temperamento ou "jeito de ser" e, mais uma vez, tente identificar qual é o seu. Ressaltando que você deve considerar apenas as características que realmente representam o que você é sempre. Não é o que gostaria de ser, ou o que o ambiente está exigindo que você seja, mas o que você de fato é.

DOMINANTE	EXTROVERTIDO	ANALÍTICO	PACIENTE
Ações	Emoções	Pensamento	Constância
Necessidade de controlar	Necessidade de ser reconhecido	Necessidade de estar correto	Necessidade de evitar conflito
Gosta de desafios e mudanças	Gosta de eventos sociais	Gosta de buscar conhecimento	Gosta de paz e harmonia
Quer resultados	Quer elogios	Quer qualidade	Quer tranquilidade
Decidido	Convincente	Perfeccionista	Mediador
Prático	Otimista	Teórico	Passivo
Relacionamentos como network	Relacionamentos sociais	Sistemático nos relacionamentos	Relacionamentos profundos
Um ótimo executivo	Um ótimo vendedor	Um ótimo especialista	Um ótimo diplomata
Dificuldade para enxergar os outros	Dificuldade para cumprir coisas	Dificuldade para decidir	Dificuldade para tomar a iniciativa
Quer influenciar o mundo	Quer ser popular	Quer ser justo	Quer apoiar a todos
Rápido nas decisões	Muda o foco constantemente	Nada de dar jeitinho	Não muda o ritmo

De forma bastante simplista, a seguir, serão descritos o que há de potencial e limitações em cada um desses quatro temperamentos. Vale ressaltar, mais uma vez, que estamos sempre falando de tendências. Não estamos afirmando que todas as pessoas com predominância de determinado temperamento irão se comportar somente desta ou daquela forma, como também não estamos dizendo que as pessoas com predominância de outros temperamentos não possam apresentar os mesmos comportamentos em algum momento. No entanto, existe a tendência de que algumas características apareçam de forma natural e com maior frequência no comportamento de pessoas com cada temperamento.

As pessoas com temperamento predominantemente *dominante*, como estamos chamando aqui, geralmente têm como:

Potencial do dominante
- Ser empreendedor. Ver além do que os outros estão vendo.
- Ser prático. Realizar mais.
- Ser responsivo (pensa, responde e decide rápido).
- Não ter medo de arriscar. Acaba conquistando mais.
- Ter alvos e metas claros. E encontrar formas de alcançá-los.
- Conseguir lidar bem com a pressão.
- Não se intimidar com desafios.

Limitações do dominante
- Achar-se autossuficiente. Não considerar muito a opinião e a habilidade dos outros.
- Ter a necessidade de ter o controle, especialmente das decisões. Acabar atropelando os outros.
- Ter pouca tolerância com quem considera ter um ritmo mais lento, o que causa a impressão de arrogância e superioridade.
- Às vezes, ser prático demais e tão focado em resultados que causa a impressão de ser egoísta e egocêntrico.
- Às vezes, arriscar demais e acabar causando transtornos a todos ao redor.
- Não considerar muito as regras, desde que consiga alcançar seus objetivos, o que causa muitos conflitos.

Como o dominante pode se ver	Como os outros podem ver o dominante
Determinado, independente, prático, decidido, eficiente, organizado, sabe das coisas, inteligente.	Mandão, controlador, severo, grosseiro, egocêntrico, não considera os outros, presunçoso.

As pessoas com temperamento predominantemente *extrovertido*, como estamos chamando aqui, geralmente têm como:

Potencial do extrovertido

- Ser entusiasta, motivador e contagiar as pessoas e o ambiente com alegria.
- Ser otimista. Ver sempre o lado bom e positivo de tudo.
- Ser ótimo comunicador. Ter boa habilidade com as palavras.
- Estar sempre pronto a ajudar.
- Ser transparente. Ter facilidade de expressar sua opinião e sentimentos.
- Ser sociável e relacional. Conhecer pessoas em todos os lugares.
- Ser afetivo e carinhoso. Estar sempre presente e pronto a acolher e abraçar.

Limitações do extrovertido

- Exceder-se muitas vezes ao expor a si mesmo e outros publicamente.
- Muitas vezes deixar o lado emocional assumir o controle e agir por impulso.
- Tender a fantasiar muito e não perceber a realidade.
- Ter a necessidade de agradar a todos, sempre. Acabar assumindo mais do que pode, deixando muitos chateados.
- Às vezes, exagerar no quanto se envolve socialmente, deixando a família sem atenção, o que causa conflitos.
- Pode abusar de sua habilidade de comunicação para manipular as situações.

Como o extrovertido pode se ver	Como os outros podem ver o extrovertido
estimulador, prestativo, alegre, simpático, amigo de todos, comunicativo, talentoso, otimista	excessivo, sem autodisciplina, reage mais do que age, só quer aparecer, sempre festejando, sonha demais

As pessoas com temperamento predominantemente *analítico*, como estamos chamando aqui, geralmente têm como:

Potencial do analítico
- Ser alguém que preza pela verdade, leal e muito confiável.
- Ser comprometido e dedicado em tudo que faz.
- Fazer tudo com excelência e além do que for pedido.
- Ser pontual e cumprir com os compromissos e prazos.
- Ser disciplinado e focado, tendo regularidade no que se propõe a fazer.
- Ter boa habilidade para identificar problemas, por ser muito detalhista.
- Ser cauteloso. Agir sempre de forma preventiva.

Limitações do analítico
- Levar tudo a sério demais. Não ter muito bom humor. Acabar sendo inflexível muitas vezes.
- Ter muita dificuldade para relaxar. Estar sempre preocupado com algo e sofrer por antecipação.
- Às vezes, exagerar no zelo e acabar se privando de usufruir muitas coisas.
- Às vezes, ser desconfiado em demasia e acabar julgando e sendo preconceituoso com outros.
- O senso de justiça pode ser muito aguçado, gerando muitos conflitos nos relacionamentos.
- Ter um nível de exigência muito alto consigo mesmo e com os outros, levando-o a se decepcionar e se frustrar facilmente com as pessoas.
- Ter muito medo de correr riscos leva a uma grande dificuldade para tomar decisões, por analisar demais.
- Ser pessimista e ter pensamentos negativos.

Como o analítico pode se ver	Como os outros podem ver o analítico
trabalhador, sincero, persistente, correto, realista, caprichoso, equilibrado, justo	crítico, chato, moralista, preconceituoso, exagerado nos cuidados, detalhista, pessimista, muito exigente

As pessoas com temperamento predominantemente *paciente*, como estamos chamando aqui, geralmente têm como:

Potencial do paciente

- Ser calmo e tranquilo. Não se irritar facilmente e, por isso, ser agradável e fácil de lidar. Apresentar certa estabilidade de humor.
- Ter boa habilidade como mediador.
- Ser pacificador. Conseguir ouvir as diferentes partes e opiniões, e promover a união.
- Ter boa habilidade para ouvir e aconselhar.
- Ser uma pessoa leal. Desenvolver poucos relacionamentos, mas profundos.
- Ter boa habilidade diplomática. Conseguir ter um bom relacionamento com todos.
- Ser uma pessoa apoiadora. Ser alguém com quem se pode contar sempre.

Limitações do paciente

- Ser lento para agir e reagir. Ter muita dificuldade para lidar com pressão e prazo (tempo).
- Ter dificuldade de expressar suas opiniões e sentimentos. Acabar guardando muito e sofrendo calado.
- Ter pouca iniciativa. Ter muita dificuldade em se motivar.
- Evitar o conflito e o confronto a qualquer custo. Às vezes, ser muito passivo, tentando estabelecer a paz e a harmonia. Com isso, os conflitos não são resolvidos e se acumulam.
- Ter muita dificuldade com mudanças. Ser relutante para sair de sua programação, o que gera conflitos nos relacionamentos.
- Ter tendência a protelar e se acomodar.

Como o paciente pode se ver	Como os outros podem ver o paciente
dá muito apoio aos outros, sempre disposto a cooperar, "pode contar comigo", respeitador, agradável, promotor da paz	frio, sem atitude, não se compromete, inseguro, em cima do muro, dependente, muito calado

RESOLVA OS CONFLITOS

Para mostrar o quanto as diferenças de temperamentos podem gerar muitos conflitos no relacionamento conjugal — e, por isso, é muito relevante ter um mínimo de compreensão sobre o assunto —, eis alguns exemplos extraídos de vivências reais.

Aconselhei muitos casais em que um cônjuge é extrovertido e o outro paciente. O extrovertido ama sair, relacionar-se, ter uma vida social ativa. Tem muita facilidade de se expressar, gosta de contato físico, precisa receber elogios e faz tudo sem ter planejado, geralmente, no improviso e em cima da hora. Assume mais do que pode cumprir, porque quer agradar a todos e, por isso, não consegue dizer "não". Com isso, acaba se sobrecarregando e "tirando" tempo que deveria dedicar à família.

Por sua vez, o cônjuge que tem um temperamento predominantemente paciente ama sossego e tranquilidade. Prefere ficar quieto em casa, é de poucos relacionamentos. Tem muita dificuldade para se expressar e pouca iniciativa, não se importa muito em receber elogios e, por isso, não os faz. Também não é muito de contato físico. O paciente tem tudo programado e dificilmente sai de sua programação; odeia mudança ou fazer algo que não tenha planejado. Busca a paz e harmonia, e evita o conflito a todo custo. Para isso, acaba "engolindo calado" muitas coisas sem dizer nada, enquanto o extrovertido tende a ser "barraqueiro", fala alto, chora e expressa com intensidade o que sente e pensa.

Resumidamente, o extrovertido gostaria que seu cônjuge paciente o acompanhasse em uma vida social ativa, que fosse mais expressivo e interagisse mais com seus amigos. Ele o vê como alguém frio, sem iniciativa, e considera isso um problema e falta de interesse e amor por parte de seu cônjuge. O cônjuge paciente, por outro lado, interpreta o comportamento do extrovertido como excessivo, sente ciúmes pela forma "liberal" com a qual seu cônjuge se relaciona com as pessoas e se sente exposto por ele. Ambos se sentem frustrados por achar que não conseguem satisfazer o outro e por não conseguirem corresponder às expectativas um do outro.

São dois "jeitos de ser" muito diferentes, com tendências de comportamentos opostas. Os conflitos serão inevitáveis. Enquanto não houver uma compreensão das diferenças de temperamento, o cônjuge extrovertido passará a maior parte do tempo julgando, cobrando e se decepcionando com o cônjuge paciente e vice-versa. Isso, no longo prazo, traz muita frustração, desânimo e, muitas vezes, desistência. A frustração e decepção repetidas vão desgastando a admiração e o respeito que existe de um pelo outro e deixando a impressão de que aquela não é a pessoa certa, ou que o casal é "incompatível".

Atendo também muitos casais em que um cônjuge é dominante e o outro analítico. O que ocorre sempre é que o dominante tende a assumir o controle de tudo e passar a decidir sobre a vida do analítico. Isso, por uma questão simples: o analítico tem muita dificuldade em tomar decisões por analisar demais, e o dominante, ao contrário, pensa rápido e age mais rápido ainda, não tendo paciência para esperar que o outro decida. O dominante se acha autossuficiente e confia mais em suas habilidades, então toma frente de tudo e diz: "Deixa comigo" ou "deixa que eu sei resolver". O analítico, por comodidade, acaba deixando, mas se sentindo mal. O cônjuge que tem predominância de temperamento analítico sente que seu cônjuge desconsidera a sua opinião. Ele sente-se diminuído e menosprezado. Vê seu cônjuge dominante como um egocêntrico que não se importa com ele.

O dominante geralmente é empreendedor, executivo e prático. Ele está focado em atingir resultados e acaba atropelando os outros, em especial, o cônjuge. O analítico está focado em cumprir tarefas e é muito teórico. Ele é muito correto em tudo. "Fidelidade, justiça e verdade" é o seu lema. O analítico busca sempre se adequar às regras, coisa com que o dominante não está muito preocupado e que o irrita. O analítico se sente inferior e acha que o dominante é muito egoísta, só pensa nele e nos seus objetivos; é insensível, não considera a sua opinião.

O dominante arrisca muito, o analítico não arrisca nada. O analítico faz muitos planos e projetos, mas é lento para pô-los em prática. O dominante é muito ousado e otimista, enquanto o analítico é cauteloso e pessimista, parece só enxergar os problemas e pontos negativos; isso deixa o dominante irritado. Ele leva tudo muito a sério e não relaxa; acha que o dominante é "imprudente" e "cara de pau".

Quando o cônjuge dominante é a mulher, a situação fica mais complicada, especialmente se o esposo é paciente. A tendência é a mulher assumir o controle das decisões e ser o cabeça da casa ou tirar a autoridade do marido. Isso ocorre justamente pelo fato desse marido, paciente, não se posicionar e não ter iniciativa. A esposa acaba atropelando-o por não ter paciência para esperar o tempo e o ritmo dele. Ela vê o esposo como "um banana" que não assume seu papel como "homem" da casa e se sente sobrecarregada, porque "tem que assumir tudo sozinha", embora, se ele tentar fazer, ela mesma não espera nem aceita a forma como ele faz as coisas. Essas questões são puramente conflitos de personalidade e, infelizmente, não são vistas assim por falta de conhecimento.

> Quando há essa compreensão de como e em quais pontos somos diferentes, podemos passar a valorizar as diferenças e beneficiar-nos delas.

Esses dois exemplos mostram como não compreender as diferenças leva ao julgamento, à cobrança, às frustrações e decepções repetidas que causam desconexões entre o casal. Enquanto não houver uma compreensão de que essas são diferenças de jeito de ser, são características, e não defeitos, e são bem passíveis de serem ajustadas, negociadas e superadas a partir de uma comunicação eficaz, ambos estarão insatisfeitos e infelizes.

Quando há essa compreensão de como e em quais pontos somos diferentes, podemos passar a valorizar as diferenças e beneficiar-nos delas. Pense em quanto um extrovertido e um paciente ou um dominante e um analítico podem acrescentar um na vida do outro e se tornarem pessoas melhores. O quanto um pode aprender com o outro e viverem em plena harmonia, somando o que tem, beneficiando-se disso e crescendo.

Digo isso, por experiência pessoal, pois foi exatamente o caminho que meu esposo (Neymar) e eu fizemos. O casal do segundo exemplo, somos nós. Eu sou analítica e paciente, ele é dominante e extrovertido, e isso causou grande desconexão entre nós e quase nos separou. Mas, após investirmos no caminho do autoconhecimento, aprendemos a somar nossas diferenças e nos tornamos pessoas e cônjuges melhores, mais felizes e satisfeitos.

A partir desses exemplos e, mediante as características básicas de cada temperamento, pense nos possíveis casais com diferentes combinações de temperamentos e os prováveis conflitos que podem surgir nesses relacionamentos. Pense, por exemplo, na junção de em um cônjuge extrovertido e outro analítico; um dominante e outro paciente; os dois dominantes; os dois extrovertidos; e assim por diante.

É verdadeira a frase que diz que os opostos se atraem. De fato, isso acontece. É raro encontrar casais com o mesmo perfil de personalidade ou de temperamentos parecidos. Geralmente, o que se observa, com frequência, são casais com perfis bem diferentes, ou mesmo opostos. E isso não é ruim, ou incompatível, como muitos pensam, da mesma forma que é um equívoco achar que o "ideal" é encontrar alguém com personalidade parecida, pois tudo será mais fácil e haverá menos conflitos.

Uma questão bastante importante aqui é a disposição de cada um para fazer esse caminho de se aproximar do universo do outro com interesse sincero de conhecer, aprender como é e como funciona, e entender como pode se beneficiar com ele. A partir do momento em que conseguimos enxergar os benefícios que podemos ter com as diferenças, elas deixarão de ser um peso ou fator desencadeador de estresse, tornando-se algo interessante e prazeroso. Um cônjuge precisa ajudar o outro a fazer esse caminho.

É importante entender que agimos, naturalmente, sem pensar, de acordo com a nossa natureza; simplesmente nos comportamos conforme o nosso jeito de ser, o tempo todo. Para

> A partir do momento em que conseguimos enxergar os benefícios que podemos ter com as diferenças, elas deixarão de ser um peso ou fator desencadeador de estresse, tornando-se algo interessante e prazeroso.

sermos quem somos, não é preciso esforço; simplesmente somos. Porém, de forma intencional, podemos nos esforçar para aprender a agir de forma diferente da nossa natureza ou "jeito de ser". Significa fazer ajustes em características pessoais para que haja adaptação ao "jeito de ser" do cônjuge. Isso é bem possível e pode ser prazeroso, desde que haja entendimento e disposição, e todos se beneficiarão.

Onde estiverem duas pessoas, haverá muitas diferenças. Somos muito distintos na forma de lidar com as situações da vida, no modo de dar e receber amor e afeto, no jeito de agir e reagir. O que nos leva a nos decepcionarmos com as pessoas são expectativas irreais que temos em relação a elas, por não termos um entendimento de como e quanto somos diferentes.

Para lidar com as diferenças, o senso de humor é fundamental, invistam nisso. O bom humor pode quebrar a tensão e resolver muitas coisas. Claro que estou falando de humor com limites e bom senso; um humor positivo, sem malícia ou depreciação, pois o bom humor ajuda a aliviar o estresse e a tensão causados pelas diferenças. Sorrir é algo que contagia. O estresse e a tensão são incompatíveis com uma boa risada (no bom sentido).

O bom humor é uma maneira de aceitar algumas coisas que não podemos mudar. Busquem fazer juntos mais coisas que aliviam a tensão e o estresse. Coisas divertidas que os fazem rir e desenvolver o bom humor. Aprendam a sorrir de si mesmos, a brincar mais e a não levar tudo muito a sério.

É muito bom quando chegamos a um ponto de compreensão das diferenças em que conseguimos brincar sobre elas sem nos ofender. Quando entendemos que o que nos decepciona no outro, na verdade, não são defeitos, mas características de sua natureza, podemos usufruir disso e nos beneficiar, aumentando o potencial do casal.

Com naturezas diferentes, sempre haverá no outro, coisas que eu não suporto. Sempre haverá algo no jeito de ser do outro que me incomoda, por ser diferente. Contudo, isso não pode ser maior do que tudo no outro que me atrai, que me agrada e me faz querer estar junto dele. Aquilo de que eu gosto no outro deve sempre suplantar as coisas que me incomodam.

O que você quer do seu cônjuge nem sempre acontecerá e não será frequente acontecer de suas expectativas serem correspondidas. É preciso amar e perdoar, apesar de nosso cônjuge não ser como nós somos ou como gostaríamos que ele fosse. Quando andamos com Jesus Cristo e Ele é nosso modelo, isso é bem possível. Primeiro seja para o seu cônjuge o que você gostaria de que ele fosse para você e faça primeiro para ele tudo que você deseja que ele faça para você, e o retorno virá.

> Seja para o seu cônjuge o que você gostaria de que ele fosse para você e faça primeiro para ele tudo que você deseja que ele faça para você, e o retorno virá.

Desenvolvendo uma comunicação eficaz

Não há como resolver conflitos sem uma comunicação eficaz. Essa comunicação acontece quando há um ambiente seguro para ter conversas difíceis de forma construtiva. Ao longo do casamento, será necessário ter essas conversas para resolver os conflitos, a fim de não permitir que as mágoas se acumulem e causem desconexões. A compreensão das diferenças de temperamentos, anteriormente abordada, é importante também para se desenvolver uma comunicação eficaz, pois o jeito de ser de cada um influenciará na forma de se comunicar.

Muitos casais acham que têm uma boa comunicação, mas por ficar em um nível superficial, não é eficaz, pois não resolve os conflitos. A *forma de falar* é fundamental para uma comunicação eficaz. Muitos dos princípios importantes para se desenvolver uma comunicação eficaz estão relacionados à forma e ao momento mais adequado para falar com o outro.

Alguns dos princípios fundamentais para uma comunicação eficaz:

> A resposta calma desvia a fúria, mas a palavra ríspida desperta a ira (Provérbios 15:1).

Quem responde antes de ouvir comete insensatez [tolice] e passa vergonha. A língua tem poder sobre a vida e sobre a morte; os que gostam de usá-la comerão do seu fruto (Provérbios 18:13,21).

A vossa palavra seja sempre agradável, temperada com sal, para saberdes como deveis responder a cada um (Colossenses 4:6).

Nenhuma palavra torpe saia da boca de vocês, mas apenas a que for útil para edificar os outros, conforme a necessidade, para que conceda graça aos que a ouvem (Efésios 4:29).

Meus amados irmãos, tenham isto em mente: Sejam todos *prontos para ouvir*, tardios para falar, tardios para se irar (Tiago 1:19).

> Muitos dos princípios importantes para se desenvolver uma comunicação eficaz estão relacionados à forma e ao momento mais adequado para falar com o outro.

Veja que é interessante observar que a nossa palavra seja "temperada com sal" ao falar com o outro, ou seja, deve ser na medida certa — nem mais, nem menos —, dosada, equilibrada. Falar para o outro "apenas o que for útil para edificar" e trazer "graça aos que a ouvem".

Outro ponto indispensável para desenvolver uma comunicação eficaz é entender exatamente o que o outro quis dizer. Isso vai além das palavras e significa entender os sentimentos do outro e o significado que tem para ele(a), inclusive a mensagem não verbal que o outro está tentando transmitir. Estar pronto a ouvir o ponto de vista e a necessidade do outro, que são diferentes dos meus. Estarem ambos com a intenção de buscar juntos soluções para resolver problemas ou melhorar o que está incomodando.

Se nos empenharmos em seguir esses princípios ao nos comunicarmos com nosso cônjuge, os problemas de comunicação estarão resolvidos e, consequentemente, boa parte dos conflitos conjugais. Se cada um decidir e agir, viver o que a Palavra de Deus ensina, haverá, sem dúvida, uma transformação no relacionamento.

Infelizmente, o que ocorre geralmente é que não somos prontos para ouvir, nem tardios para falar ou para irar. Quando nos iramos, passamos a discutir, e já não é mais uma conversa, e o lado emocional assume o controle. Respondemos antes de ouvir e nos precipitamos em tirar conclusões, sem checar se o que estamos achando é, de fato, a verdade. Não verificamos primeiro se o que eu penso que ouvi é mesmo o que o outro queria dizer.

Ferimos e magoamos um ao outro sem necessidade, simplesmente por acreditarmos em nossa interpretação precipitada, que, muitas vezes, não representa a verdade. A interpretação apressada cria uma "falsa verdade" e produz sentimentos que nos levam a responder também precipitadamente. Revidamos com palavras impensadas e ferimos o outro de forma igualmente desnecessária, apenas porque não perguntamos ao outro para verificar.

E essa dinâmica se repete dia após dia e torna-se automática, acumulando mágoas, causando grande desgaste na relação. Aprender a checar o que ouvimos e achamos ou pensamos ter ouvido e permitir que o outro esclareça, antes de tirarmos conclusões precipitadas, é cultivar uma comunicação eficaz. É resolver a questão e não deixar crescer ou acumular desentendimentos, lembrando a ordem bíblica registrada em Efésios 4:26: "Irai-vos, e não pequeis; não se ponha o sol sobre a vossa ira".

> Ferimos e magoamos um ao outro sem necessidade, simplesmente por acreditarmos em nossa interpretação precipitada, que, muitas vezes, não representa a verdade.

Aprender a reconhecer a hora de parar

Precisamos identificar quando nosso lado emocional assumiu o controle de nossas palavras. Esse, geralmente, é um momento de ira. Significa que as emoções estão no controle, e não mais a razão. Sob o domínio do lado emocional, falamos e agimos de acordo com as emoções. Nesse ponto, é preciso parar e esperar até que se retome a razão. Estamos feridos e frustrados, e vamos ferir o outro sem resolver nada. Ainda lembrando que, muitas vezes, estamos

> Quando a emoção está no domínio, não somos capazes de pensar com clareza, não processamos as coisas, queremos revidar.

sendo movidos por sentimentos que foram causados por "falsas verdades", que nós mesmos produzimos por havermos tirado conclusões precipitadamente.

Quando a emoção está no domínio, não somos capazes de pensar com clareza, não processamos as coisas, queremos revidar. Nesse momento, o melhor a fazer é dar um sinal para o outro e interromper a conversa. E cabe a ambos respeitar a necessidade de tempo de cada um. O mais importante é que a conversa seja, de fato, retomada sem deixar passar mais de três dias, e que isso seja feito quantas vezes for necessário, até que a questão seja resolvida. Uma questão bem relevante é que, muitas vezes, é exatamente a forma como um cônjuge fala que produz a ira no outro, levando-o a migrar do estado racional para o emocional. Por isso, temos de ter cuidado com o como e quando falar.

Em resumo, os princípios para uma comunicação eficaz, encontrados nas passagens citadas anteriormente, são:

- Palavras brandas, equilibradas e agradáveis.
- Resposta calma.
- Não responder antes de ouvir.
- Palavra agradável e temperada.
- Responder como convém a cada um.
- Falar apenas o que for edificar e trazer graça.
- Ser pronto a ouvir e tardio para falar e para se irar.
- Não deixar que o sol se ponha sobre a sua ira.

Se conseguirmos aplicar esses princípios em nossa convivência diária, certamente desenvolveremos uma comunicação eficaz e, consequentemente, muitos conflitos conjugais serão resolvidos.

Ao iniciar uma conversa, especialmente se for para resolver algum ponto de conflito, ambos os cônjuges precisam ter claro na mente, em primeiro lugar, que estão do mesmo lado do jogo e não em times opostos. Os cônjuges precisam ser amigos. Amigos estão ligados um ao outro por um vínculo afetivo forte, estima e respeito. Amigos se amparam, são íntimos e ficam ao lado do outro mesmo nos momentos difíceis.

Zig Ziglar conta uma história que ilustra muito bem essa questão:

> Um menino se viu diante de três valentões, que poderiam massacrá-lo, e davam sinais de que tinham essa intenção. O menino, que era muito inteligente, recuou, traçou uma linha no chão, deu mais alguns passos atrás, olhou bem nos olhos do maior deles e disse: "Agora, quero ver você atravessar essa linha". Confiante, o grandalhão fez exatamente isso; então, o menino simplesmente sorriu e disse: "Agora estamos do mesmo lado".[2]

Bem que poderíamos aprender a fazer coisas desse tipo para quebrar a tensão quando uma conversa está para se transformar em uma briga, ou quando percebemos que estamos a ponto de passar do estado racional para o emocional. Podemos combinar de fazer algo, nesses momentos, que nos lembre de que estamos do mesmo lado, lutando pelo mesmo ideal: conquistar um casamento de sucesso.

Uma boa estratégia para iniciar uma conversa para resolver algum ponto de conflito é sempre começar reconhecendo algo bom, ou com um elogio, e depois fazer a consideração que quiser; e, no final, demonstrar apreciação de novo, deixando claro que não está acusando o outro, e pedir ajuda para entender e resolver a questão.

> A palavra proferida no tempo certo é como frutas de ouro incrustadas numa escultura de prata. Como brinco de ouro e enfeite de ouro fino é a repreensão dada com sabedoria a quem se dispõe a ouvir (Provérbios 25:11,12).

---

[2] *Namorados para sempre*, p. 45.

Aprender a dar e receber *FEEDBACK*

Eis outra questão importante para desenvolver uma comunicação eficaz. A verdade é que temos muita dificuldade tanto em dar como em receber *feedback*, porque vemos isso como algo negativo, recebendo-o apenas como crítica, e não como uma oportunidade para melhorar.

Um parecer construtivo é uma ótima ferramenta para incentivar o desenvolvimento pessoal, reforçar atitudes desejadas e reduzir as indesejadas.

Por isso, precisamos urgentemente aprender a dar e receber esse tipo de resposta. O problema é que, muitas vezes, só sabemos dar *feedback* negativo e ofensivo e, por isso, também somos resistentes em encontrá-lo.

Dar um parecer é uma das coisas mais importantes que podemos fazer em um relacionamento conjugal, pois, por meio dele, podemos ajudar o nosso cônjuge a se tornar uma pessoa melhor. Dar um retorno é algo que fazemos quando nos preocupamos com o outro. O *feedback* eficaz, que ajuda a desenvolver uma comunicação eficaz, é dado com intenção de contribuir e ajudar, quando será mais construtivo, com uma mensagem clara, direta, focada no problema e sem generalizar.

Os erros mais comuns que cometemos ao dar um retorno não construtivo são quando focamos no caráter e não no comportamento do outro; quando não somos claros sobre as mudanças que precisam ser feitas; quando achamos que sempre temos razão; quando não verificamos a versão do outro; quando não checamos se o outro está, de fato, nos compreendendo e se nossa intenção não é ajudar para melhorar.

Precisamos também aprender a receber *feedbacks,* passando a vê-los como uma oportunidade para crescer e melhorar. Seja receptivo quando seu cônjuge tentar lhe dar um parecer, mesmo que, no momento, não seja agradável, tente refletir sobre o que foi dito. Se tiver dúvidas, pergunte ao seu cônjuge; e não faça suposições. Peça a ele(a) para lhe dar exemplos, a fim de que o ajude a compreender bem o que está querendo dizer. Fique atento aos mecanismos de defesa que o *feedback* gera, pois é natural procurar desculpas e culpados.

Gary Chapman sugere três formas positivas para resolver conflitos causados pelas diferenças de opinião e necessidades. Quando houver um impasse ou uma situação conflitante, o que fazer? Antes de tudo, o casal tem de aprender a ouvir e aceitar as ideias um do outro. Só estarão prontos para buscar uma solução depois disso.

Buscar o meio-termo. Concordar em fazer uma parte do que cada um quer, enquanto cada um se sacrifica um pouco. É preciso achar um ponto de encontro no meio das ideias originais com o que ambos concordem e que funcione.

Abrir mão. Depois de ouvir as ideias e sentimentos um do outro, um dos dois decide que, nessa ocasião, o melhor é fazer o que o outro tem em mente. Trata-se de um sacrifício total de sua ideia original, escolhendo fazer o que o cônjuge deseja, com uma atitude positiva. É uma decisão como atitude de amor por se importar e ver o valor disso para o outro.

Deixar para depois. Perfeito para o momento em que o casal não consegue achar uma solução para o conflito. "No momento, não sou capaz de concordar com sua ideia e não vejo meio-termo. Podemos apenas concordar que, por enquanto, discordamos sobre isso? E voltaremos ao assunto daqui um tempo (determinado), procurando uma solução. Durante esse tempo, vamos nos amar, desfrutar da companhia um do outro e nos apoiarmos. Isso não será motivo de ruptura em nosso casamento." Um tempo depois, as coisas podem parecer diferentes ou novas possibilidades podem vir à mente, de modo que o casal possa chegar a um acordo.

Para ilustrar e entender melhor esse tópico, Chapman conta sobre um casal em conflito a respeito de onde passariam o Natal, se com os pais dele ou os da esposa:

Um casal compartilha suas ideias e o outro tenta, de verdade, entender não só o que o outro está sugerindo, mas qual a importância para ele. É fundamental, quem estiver ouvindo, fazer perguntas para ter certeza de que está entendendo. Demonstrar respeito genuíno pelo outro, dando ao outro, liberdade de ter diferente ponto de vista. Expressando compreensão e aceitação, as ideias de cada um fazem sentido. Isso cria amizade.

Ela diz: "Você está me dizendo que quer passar o Natal com seus pais porque seu pai está com câncer e você imagina que ele não possa estar aqui no próximo natal?". Assim que faço todas as minhas perguntas para esclarecer o que ele está dizendo, respondo: "Isso faz todo sentido. Compreendido".

Ele diz: "Agora que você sabe no que estou pensando, gostaria de ter um tempo de escuta para ouvir seu ponto de vista. Ele também faz perguntas, para ter certeza de que está entendendo, como: "Você está dizendo que quer que passemos o Natal com seus pais porque sua irmã estará lá e ela só vem a cada 5 anos e você detestaria perder essa oportunidade de encontrá-la?". Depois de fazer todas as perguntas e ouvir atentamente as respostas, ele diz: "Isso faz todo o sentido. Entendo o que você está dizendo".

Nesse caso, os cônjuges concordaram que, se eles fossem de avião, em vez de carro, poderiam passar 3 dias com os pais de cada um, porém isso significava que precisariam de mais dinheiro. Depois de trocar várias ideias, eles finalmente concordaram em mudar seus planos de férias para um lugar próximo e mais barato no mesmo estado que moravam. Assim, poderiam usar o dinheiro das férias para comprar as passagens aéreas.

Os conflitos são uma certeza em qualquer relacionamento. Ausência de conflito não significa um relacionamento saudável. Existir amor não é uma garantia para ausência de conflitos, mas, sim, uma predisposição para enfrentar e resolver todos os conflitos quando eles surgirem. O caminho é andar em amor, criar um ambiente amigável ao ouvir as ideias do outro. Quando aprendemos a aceitar as ideias um do outro e procuramos soluções, podemos processar os conflitos normais em uma relação conjugal e passamos a trabalhar como parceiros. Acredite: sempre há uma solução para os conflitos.

Existem basicamente três formas de relacionamentos conjugais:

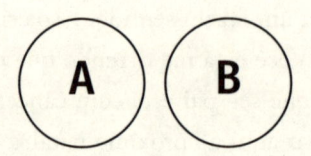

(A)(B)

A primeira, muito comum atualmente, é quando prevalece a individualidade de cada cônjuge. Cada um tem o seu universo bem delimitado, completamente separado, e vive uma vida independente um do outro. É o "MEU" jeito, meus gostos, minhas coisas, minha conta, meu dinheiro, meu espaço. Os cônjuges não compartilham praticamente nada e, geralmente, não há transparência também. Vivem um relacionamento superficial. Estão vivendo juntos, mas seguem caminhos diferentes. Não fazem planos juntos.

Nesse tipo de relacionamento pode se ter a falsa impressão de que há menos conflitos e que tudo funciona bem. Na verdade, não aconteceu o "unirem-se e se tornarem uma só carne" no sentido de pertencerem e passarem a compartilhar todas as coisas. Os conflitos podem não aparecer justamente pela falta do compartilhar, mas não significa que o relacionamento é saudável. E se o conflito acontece, ficam na defensiva e tentam não se expor. É pouco provável que se chegue a um casamento de sucesso, que resista às adversidades da vida e permaneça firme, com essa forma de relacionamento conjugal.

(AB)

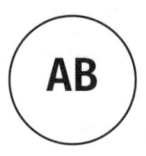

Uma segunda forma de relacionamento, igualmente comum nos dias atuais, é, ao contrário do primeiro, um relacionamento superaglutinado. Há uma fusão tão intensa que os dois cônjuges perdem a sua própria identidade, tornando-se difícil saber quem é quem. Esse tipo de relação também passa uma falsa impressão de que funciona bem e que os conflitos não são muitos. Parecem até ter muita intimidade, já que os cônjuges vivem em função um do outro e fazem tudo juntos, mas, na verdade, pode haver uma codependência emocional.

Não conseguem fazer nada separadamente e não permitem que o outro tenha sua individualidade. É provável que um esteja se anulando para viver a vida do outro e, dessa forma, os conflitos são evitados; mas, não são resolvidos. Vivem controlando um ao outro em tudo e não expressam a sua opinião por receio de desagradar o outro. Quando há um conflito, a tendência é não identificar sua responsabilidade e responsabilizar o outro pelos problemas. Esse também não é um relacionamento saudável e, dificilmente, será um casamento de sucesso.

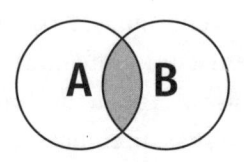

(A B)

A terceira forma de relacionamento conjugal é desafiadora, mas promissora, pois é o caminho para alcançar um casamento de sucesso. Esse é o relacionamento em que ambos os cônjuges preservam suas identidades. Ou seja, não deixam de ser eles mesmos, de terem projetos pessoais e de fazerem coisas para si. No entanto, constroem juntos o "nós". Tornam-se uma só carne e vivem o princípio do pertencer. Passam a compartilhar todas as coisas e tudo passa a ser "nosso". Ao compartilharem todas as coisas, os conflitos serão inevitáveis, devido às muitas diferenças, mas, se houver disposição para a resolução deles, o casamento se fortalecerá.

Há interesse em conhecer o universo do outro e aprender com ele. Um cônjuge investe e estimula o crescimento do outro. Os dois ajudam um ao outro a compreenderem suas diferenças e, assim, valorizam e tentam se beneficiar delas. Essa é a forma de relacionamento mais provável para se alcançar um casamento de sucesso, pois os cônjuges estão unidos para construir juntos o "nosso", sem anular o "meu" e o "seu". Não concordam em tudo, mas compartilham as mesmas convicções sobre casamento, que refletem uma vida cristã genuína.

CONEXÃO LITERÁRIA

Imagine que os homens são de Marte e as mulheres são de Vênus. Um dia, há muito tempo, os marcianos, olhando através de seus telescópios, descobriram as venusianas. Bastou uma olhadela nas venusianas para despertar sentimentos desconhecidos até então. Eles se apaixonaram e rapidamente inventaram a viagem espacial e voaram até Vênus. As venusianas receberam os marcianos de braços abertos. Elas sabiam intuitivamente que esse dia iria chegar. Seus corações se abriram para um amor que nunca tinham sentido antes.

O amor entre as venusianas e os marcianos era algo mágico. Eles se deliciavam em estar juntos, fazer coisas juntos e participar juntos de muitas coisas. Apesar de serem de mundos diferentes, eles se divertiam com suas diferenças. Passaram meses aprendendo um sobre o outro, explorando e apreciando suas necessidades, preferências e padrões de comportamento diferentes. Por anos seguidos viveram juntos em amor e harmonia.

Aí eles decidiram voar para a Terra. No começo, tudo era maravilhoso, lindo. Mas os efeitos da atmosfera da Terra assumiram o controle, e certa manhã todos acordaram com um tipo peculiar de amnésia — a amnésia seletiva!

Tanto os marcianos quanto as venusianas esqueceram que eram de planetas diferentes e que deviam ser diferentes. Naquela manhã, tudo o que tinham aprendido sobre suas diferenças foi apagado de sua memória. E desde esse dia, homens e mulheres têm vivido em conflito.

Sem a consciência de que deveriam ser diferentes, homens e mulheres estão em disputa uns com os outros. Geralmente, ficamos nervosos ou frustrados com o sexo oposto, porque esquecemos dessa verdade importante. Esperamos que o sexo oposto se pareça mais conosco. Desejamos que "queiram o que nós queremos" e "sintam como nós sentimos".

Supomos erroneamente que se o(a) nosso(a) parceiro(a) nos ama, vai reagir e se comportar de certas maneiras — as maneiras como reagimos e nos comportamos quando amamos alguém. Essa atitude nos coloca numa situação de repetidas decepções e nos impede de levar o tempo necessário para comunicar amavelmente nossas diferenças.

Adaptação livre do livro *Homens são de Marte, Mulheres são de Vênus*, de John Gray, p. 20, 21.

Exercício para a **MULHER**

EXERCÍCIO DE SOLICITAÇÃO DE *FEEDBACK*

Como é para o seu cônjuge conviver com você? Peça para responder às seguintes perguntas sobre você:

1. Que dificuldades você encontra na convivência comigo?

2. O que existe em mim que você gostaria que mudasse ou melhorasse? Por quê?

3. Do que você gosta ou o que admira em mim?

4. O que você gostaria que eu fizesse um pouco mais? E um pouco menos?

5. Que atitudes minhas contribuem para que você seja do jeito que é comigo?

6. Existe mais alguma coisa sobre a qual você gostaria de me dar *feedback*?

Exercício para o **HOMEM**

EXERCÍCIO DE SOLICITAÇÃO DE *FEEDBACK*

Como é para o seu cônjuge conviver com você? Peça para responder às seguintes perguntas sobre você:

1. Que dificuldades você encontra na convivência comigo?

2. O que existe em mim que você gostaria que mudasse ou melhorasse? Por quê?

3. Do que você gosta ou o que admira em mim?

4. O que você gostaria que eu fizesse um pouco mais? E um pouco menos?

5. Que atitudes minhas contribuem para que você seja do jeito que é comigo?

6. Existe mais alguma coisa sobre a qual você gostaria de me dar *feedback*?

PRATICANDO O PERDÃO NO PADRÃO CORRETO

Evitar os conflitos ou ignorá-los não é a solução. Entretanto, ser compassivo e estar disposto a perdoar aumenta bastante a possibilidade de resolução de qualquer tipo de conflito. Esse "perdoar" só terá efeito se for no padrão correto, que é o do perdão que nos foi concedido por Deus. As passagens bíblicas que mostram o padrão divino para o perdão são muitas e bem claras. A principal é a parábola do credor incompassivo, registrada em Mateus 18, que mostra como Deus nos perdoou uma dívida impagável, enquanto nós não temos disposição para perdoar a quem nos deve muito menos.

Jesus contou essa parábola para responder à pergunta de Pedro: "Senhor, quantas vezes deverei perdoar a meu irmão quando ele pecar contra mim? Até sete vezes?". Respondendo a Pedro, Jesus afirmou que não até sete, mas até setenta vezes sete, e contou a parábola:

> Por isso, o Reino dos Céus é como um rei que desejava acertar contas com seus servos. Quando começou o acerto, foi trazido à sua presença um que lhe devia uma enorme quantidade de prata. Como não tinha condições de pagar, o senhor ordenou que ele, sua mulher, seus filhos e tudo o que ele possuía fossem vendidos para pagar a dívida. O servo prostrou-se diante dele e lhe implorou: "Tem paciência comigo, e eu te pagarei tudo".
>
> O senhor daquele servo teve compaixão dele, cancelou a dívida e o deixou ir. Mas quando aquele servo saiu, encontrou um de seus conservos, que lhe devia cem denários. Agarrou-o e começou a sufocá-lo, dizendo: "Pague-me o que me deve!". Então o seu conservo caiu de joelhos e implorou-lhe: "Tenha paciência comigo, e eu lhe pagarei". Mas ele não quis. Antes, saiu e mandou lançá-lo na prisão, até que pagasse a dívida. Quando os outros servos, companheiros dele, viram o que havia acontecido, ficaram muito tristes e foram contar ao seu senhor tudo o que havia acontecido. Então o senhor chamou o servo e disse: "Servo mau, cancelei toda a sua dívida porque você me implorou.

Você não devia ter tido misericórdia do seu conservo como eu tive de você?". Irado, seu senhor entregou-o aos torturadores, até que pagasse tudo o que devia. Assim também lhes fará meu Pai celestial, se cada um de vocês não perdoar de coração a seu irmão (Mateus 18:23-35).

Essa parábola foi bastante clara. Aquele rei representa Deus, que é compassivo e justo. Cada um de nós somos aquele servo que tinha uma dívida impagável com o rei e, ao clamar por misericórdia, teve sua dívida cancelada. E Ele continua fazendo isso conosco todo o tempo. O mínimo que temos de fazer é oferecer o que, de graça, temos recebido. Deveria ser natural para um servo que teve sua dívida cancelada também cancelar as dívidas daqueles que lhe deviam bem menos. Não deveria ser difícil para nós, que recebemos perdão, dar perdão.

> Longe de vós toda amargura, e cólera, e ira, e gritaria, e blasfêmia, e bem assim toda malícia. Antes, sede uns para com os outros benignos, compassivos, perdoando-vos uns aos outros, como também Deus, em Cristo, vos perdoou (Efésios 4:31,32).

> Se vocês perdoam a alguém, eu também perdoo; e aquilo que perdoei, se é que havia alguma coisa para perdoar, perdoei na presença de Cristo, por amor a vocês, a fim de que Satanás não tivesse vantagem sobre nós; pois não ignoramos as suas intenções (2Coríntios 2:10,11).

> E perdoa-nos as nossas dívidas, assim como nós perdoamos aos nossos devedores [...] (Mateus 6:12).

> Porque, se perdoardes aos homens as suas ofensas, também vosso Pai celeste vos perdoará; se porém, não perdoardes aos homens as suas ofensas, tampouco vosso Pai vos perdoará as vossas ofensas (Mateus 6:14,15).

> Esforcem-se para viver em paz com todos e para serem santos: sem santidade ninguém verá o Senhor. Cuidem que ninguém se exclua da graça de Deus. Que nenhuma raiz de amargura brote e cause perturbação, contaminando a muitos (Hebreus 12:14,15).

Andar em amor e perdão não é uma opção, mas uma ordem de Deus. Falhar nisso traz graves consequências, pois é a forma de resolver todos os conflitos e fazer um relacionamento funcionar bem. Não é possível construir um casamento que permaneça bem até que a morte os separe sem praticar o perdão, no padrão de Deus, dia a dia. Uma relação conjugal baseada apenas em cobrança, confrontos e conflitos não pode resistir. Sem a manifestação de amor, compaixão, misericórdia e perdão, não é possível ter um relacionamento duradouro e saudável.

É preciso entender a importância de perdoar contínua e insistentemente, não deixando que o coração fique ferido, pois o inimigo, certamente, levará vantagem nisso. Essa, sem dúvida, é uma questão que precisa de atenção.

Verdades sobre o perdão no padrão de Deus

Adentrar o universo do perdão nos moldes divinos é embarcar em uma jornada de compreensão, transformação e cura. Nesse segmento, exploraremos catorze verdades essenciais que delineiam o padrão celestial do perdão. Cada item revelará uma perspectiva única e reveladora sobre como o perdão, em sua essência mais profunda, não apenas liberta quem perdoa, mas também restaura relacionamentos e promove um crescimento espiritual significativo. Prepare-se para mergulhar em uma exploração reveladora sobre a natureza divina do perdão e seu poder transformador nas vidas daqueles que buscam viver segundo os princípios divinos.

1. *Perdão não é sentimento*. É um ato de fé e obediência. Não espere sentir vontade para perdoar. É decisão de obedecer e manifestar compaixão.

2. *Perdoar é demonstrar gratidão a Deus pelo que tenho recebido.* Eu perdoo exatamente como Jesus ensinou com a parábola do servo incompassivo, porque reconheço que sou perdoado, mesmo sem merecer.
3. *Quem perdoa é quem se liberta.* Mude o foco! O perdão não é para beneficiar o outro, mas a si mesmo. Quem perdoa se livra da dor, pois dá condições para que a ferida se feche e cicatrize. Fecha o canal do ódio, da culpa e abre o do amor, gerando restauração. Decida perdoar, por você e para você. O perdão é o segredo para deixar para trás a rejeição, os abusos, as feridas, os fracassos. "... Se perdoarem os pecados de alguém, estarão perdoados: se não os perdoarem, não estarão perdoados" (João 20:23).
4. *Quem não perdoa retém a dor.* Passa a viver com uma ferida aberta incomodando constantemente; tem uma vida incompleta por causa da amargura, sem paz e contentamento. Fica preso ao passado, não vive o presente e não constrói um futuro melhor. Adoece física, emocional e espiritualmente. Contamina o ambiente e afeta todos à sua volta.
5. *Todos precisam de perdão.* Não oferecer perdão é se colocar em um lugar de superioridade e perfeição. É não reconhecer que somos todos iguais, sujeitos a falhar e ferir. Hoje você está no lugar de ofendido, mas amanhã será o ofensor e desejará receber a misericórdia que não ofereceu.
6. *Perdoar não é esquecer.* Não espere esquecer completamente para dizer que perdoou. Você jamais esquecerá, mas será capaz de lembrar de uma forma positiva, dando um novo significado e encontrando propósito. Enxergando esse momento como um ponto de amadurecimento e transformação.
7. *O perdão não pode ser da boca para fora.* Se não for verdadeiro e de coração, não haverá cura e você continuará cobrando a dívida. O perdão não é instantâneo, mas um processo que pode demorar. Algumas feridas são profundas e levam tempo para curar.
8. *Perdoar é quitar a dívida.* Ao perdoar, você decide cancelar uma dívida impagável, assim como Deus faz conosco. Se não

há mais dívida, não há o que cobrar. Se você ainda cobra e acusa o outro, significa que o processo do perdão ainda não está completo.

9. *O perdão deve ser renovado quantas vezes forem necessárias.* Permaneça declarando o perdão até que isso se complete (no íntimo, 70x7). Se ainda há queixas e dor, é sinal de que o perdão ainda precisa ser trabalhado. Porém, não significa se submeter a mesma ofensa repetidas vezes. Escolha sempre oferecer perdão, para o seu próprio bem, mas não permita que ninguém permaneça ferindo você no mesmo erro. Ao perdoar a mulher adúltera Jesus disse: "Vá, não peques mais" (João 8:11b). O perdão é a oportunidade para conserto e transformação.

10. *Primeiro temos de nos submeter ao amor de Deus e receber o seu perdão.* Só então poderemos amar os outros por meio desse amor e perdoar como Ele nos perdoa. É mais fácil dar ao outro o que recebemos antes.

11. *É impossível obter perdão por méritos próprios.* Se fosse por merecimento, o que seria de nós? E se Ele nos perdoa a cada momento, sem merecermos, no mínimo, temos de fazer o mesmo. Não é necessário que o outro se arrependa para que eu libere perdão.

12. *É impossível oferecer perdão por suas próprias forças.* Perdoar verdadeiramente é sobrenatural. O Espírito Santo foi enviado para habitar em nós, e seu poder nos capacita a perdoar no padrão de Deus. A expressão *Lançar no mar do esquecimento* não aparece nas Escrituras, porém a ideia por trás dela está em textos como Miqueias 7:18,19 e Hebreus 10:17. Deus faz assim, dá a dívida por quitada, não se lembrando mais dela nem a cobrando.

13. *Tome a iniciativa sempre* (Mateus 5:23; 18:15). Não importa se você foi ofendido ou se ofendeu, a Palavra de Deus nos diz para tomar a iniciativa e agir para resolver a questão.

14. *Se você não perdoar, não irá se desprender do passado e as lembranças continuarão a corroer a sua vida.* Lembre-se destas palavras

do pastor Josué Gonçalves: "A medida do perdão é o tamanho do perdão de Deus para a sua vida".

Seu casamento depende muito da sua disposição de viver e andar em amor e perdão. Clame a Deus para que o capacite a perdoar seu cônjuge como Ele perdoa você todos os dias. Se precisar de ajuda, segue um modelo de oração:

> *Senhor, eu quero perdoar meu cônjuge como tu me perdoas e peço-te que me dês capacidade para isso. Ajuda-me a ser compassivo e misericordioso com ele e oferecer-lhe perdão todos os dias, como tenho recebido de ti. Eu quero te obedecer, e tua Palavra me diz que devo perdoar. Eu creio que teu Espírito me capacitará a fazer isso. Eu não vou permitir que a mágoa domine a minha vida nem que Satanás venha levar vantagem em qualquer área da minha vida. Eu não permitirei que a raiz de amargura cresça em mim e contagie os que estão à minha volta. Eu vou obedecer, eu vou perdoar!*

Exercício para a **MULHER**

EXERCÍCIO DE PERDÃO

Perdoar é obedecer. Perdoar é quitar a dívida (cancelá-la).

Então, faça duas listas: a primeira, incluindo todas as coisas que seu cônjuge "deve". Qual é a dívida que seu cônjuge tem hoje com você e que precisa ser quitada? Escreva tudo para que a dívida seja visualizada como em um recibo de compra.

Agora, faça uma segunda lista, incluindo nela todas as coisas que você deve ao seu cônjuge. Qual é a dívida que você tem com seu cônjuge que precisa ser quitada?

1. _____
2. _____
3. _____
4. _____
5. _____
6. _____
7. _____
8. _____
9. _____
10. _____

1. _____
2. _____
3. _____
4. _____
5. _____
6. _____
7. _____
8. _____
9. _____
10. _____

Separe um momento para que ambos possam ler as listas um para o outro. Conversem e decidam quitar, cancelar, anular essas dívidas e, assim, não as cobrar mais.

MURO NO RELACIONAMENTO

Escreva o que tem sido um muro no relacionamento de vocês. O que tem contribuído para o distanciamento e separado vocês?

PONTES NO RELACIONAMENTO

Escreva o que tem sido ou pode vir a ser ponte no relacionamento de vocês. O que pode ser elo de aproximação e unir vocês?

Exercício para o **HOMEM**

EXERCÍCIO DE PERDÃO

Perdoar é obedecer. Perdoar é quitar a dívida (cancelá-la).

Então, faça duas listas: a primeira, incluindo todas as coisas que seu cônjuge "deve". Qual é a dívida que seu cônjuge tem hoje com você e que precisa ser quitada? Escreva tudo para que a dívida seja visualizada como em um recibo de compra.

Agora, faça uma segunda lista, incluindo nela todas as coisas que você deve ao seu cônjuge. Qual é a dívida que você tem com seu cônjuge que precisa ser quitada?

1. _____
2. _____
3. _____
4. _____
5. _____
6. _____
7. _____
8. _____
9. _____
10. _____

1. _____
2. _____
3. _____
4. _____
5. _____
6. _____
7. _____
8. _____
9. _____
10. _____

Separe um momento para que ambos possam ler as listas um para o outro. Conversem e decidam quitar, cancelar, anular essas dívidas e, assim, não as cobrar mais.

MURO NO RELACIONAMENTO

Escreva o que tem sido um muro no relacionamento de vocês. O que tem contribuído para o distanciamento e separado vocês?

PONTES NO RELACIONAMENTO

Escreva o que tem sido ou pode vir a ser ponte no relacionamento de vocês. O que pode ser elo de aproximação e unir vocês?

Resolvendo conflitos financeiros

Os três pontos discutidos anteriormente (entender as diferenças, dar *feedback* e perdoar) são fundamentais para a resolução dos conflitos em geral. Grande parte dos desentendimentos no casamento estão relacionados, de alguma forma, às diferenças. Por isso, é de extrema importância compreender o quanto somos diferentes e em que somos diferentes. Sem desenvolver uma comunicação eficaz e ter disposição de perdoar sempre, dificilmente, um casal conseguirá resolver os conflitos que são inerentes a qualquer relacionamento e é provável que cheguem a um ponto em que as coisas realmente fiquem insustentáveis.

Esses três pontos envolvem todo tipo de conflito, inclusive, os relacionados à área financeira. Mesmo assim, a seguir, conversaremos um pouco mais especificamente sobre como é possível evitar ou resolver conflitos nessa área. Os desentendimentos na área de finanças são bastante frequentes e, segundo estatísticas, estão entre as principais causas de separação; por isso, essa conversa é relevante.

PLANEJAMENTO FINANCEIRO

O primeiro passo fundamental para um bom planejamento financeiro é concordar que, no casamento, não tem "meu dinheiro" e "seu dinheiro", e sim "nosso dinheiro". Na base do casamento, está a unidade. Isso implica compartilhar também a renda e decidir, juntos, o que fazer com o nosso dinheiro. Isso significa que as contas do meu cônjuge são "nossas contas" e nós temos a responsabilidade de fazer um planejamento para pagá-las. Da mesma forma, serão "nossas economias".

Existem três coisas que se pode fazer com o dinheiro: *poupar*, *doar* ou *gastar*. Assim, o segundo passo para um bom planejamento financeiro é definir, juntos, a porcentagem da nossa renda que será poupada, doada e gasta. Uma sugestão seria 10-10-80, o que, para cristãos, não deveria ser difícil. No entanto, cada casal deve chegar a um consenso a esse respeito. Em Atos 20:35, diz: "Há maior felicidade em dar do que em receber". E os 80% restantes ficam para todos os gastos. Outra sugestão é não gastar mais de 40% da receita em moradia.

Uma questão bastante relevante que todo casal precisa discutir é sobre as *compras a crédito*. As mídias têm um papel que desempenha muito bem: nos estimular o tempo todo a comprar agora e pagar depois, mas sem a informação do quanto vai custar depois. O cartão de crédito estimula a comprar por impulso, e muitas pessoas não conseguem ter controle sobre isso. Uma sugestão seria combinar que ninguém pode fazer uma compra acima de um valor determinado (a definir) sem consultar o outro.

Se usado corretamente, o cartão pode até contribuir a controlar os registros e, se pago em dia, o valor das taxas é mínimo, porém pouquíssimas pessoas conseguem utilizar esse recurso de forma adequada. A maioria acaba gastando mais e esticando os pagamentos. Na verdade, usamos cartão de crédito porque queremos comprar agora o que não podemos pagar no momento. Compramos antes de ter condições para isso.

Um terceiro passo para um bom planejamento financeiro seria definir *quem vai cuidar da contabilidade*. Mesmo que, por algum tempo, alguém tenha que ser o responsável por pagar as contas todo mês e acompanhar os extratos, mantendo o casal na linha em relação ao planejamento de gastos, sobre o qual os dois concordaram, não quer dizer que o responsável tomará as decisões financeiras, pois estas sempre serão tomadas em conjunto. Como uma equipe, ambos têm de estar conscientes dos detalhes financeiros.

Comunicação e transparência

Uma vez, em uma aula do doutorado, um professor falou sobre "traições financeiras". Achei muito relevante, pois podem ser extremamente destrutivas para um casamento. Elas acontecem por falta de diálogo e confiança entre os casais. A seguir, estão algumas situações de traição financeira entre os cônjuges.

Mentir sobre o quanto ganha. Acontece quando o casal não tem uma visão de que o dinheiro é nosso. "Escondem" dinheiro um do outro, alegando que trabalham mais, estudaram mais e não acham correto dividir com o cônjuge. Nesse caso, o cônjuge cria uma conta separada para depositar o restante do dinheiro sem que o outro saiba.

Ter investimentos escondidos. Existem casais em que o cônjuge tem uma conta poupança, investimentos financeiros separados e não fala para o outro por medo de que ele (a) queira usar o dinheiro.

Mentir para não gastar o dinheiro. Há os casos em que o cônjuge chega a inventar mentiras e desculpas para não investir o dinheiro naquilo que é importante para os dois. No fundo, ele quer é guardar o dinheiro.

Inventar gastos para não assumir a responsabilidade. Isso acontece, geralmente, quando aparece uma necessidade de ajudar familiares. Um cônjuge pode usar o dinheiro que é do casal para fazer isso sem que o outro saiba e ainda pode inventar outros gastos para que o outro não perceba.

Mentir para os filhos sobre a real situação financeira da família. Os casais deixam os filhos mimados e incapazes de lidar com dinheiro no futuro, além de não estabelecerem limites com relação ao consumismo.

Esconder o próprio consumismo. Muitas pessoas, hoje, sofrem de compulsão por compras e, muitas vezes, escondem isso do cônjuge. Um fato desses pode levar a família à destruição e, por isso, às vezes, é necessário buscar ajuda profissional.

Como resolver quando já há um endividamento?

As dívidas trazem um peso enorme no relacionamento, e muitos casamentos terminam por causa de problemas com dívidas. No casamento, a dívida mais difícil de lidar é aquela de que o cônjuge não tinha conhecimento. O esposo sabe que sua esposa tem uma tendência a comprar muitas roupas, mas não tem a mínima ideia do tamanho da dívida. A esposa sabe que seu esposo tem um cartão de crédito só para "emergências", mas não sabe que ele o vem usando há meses, e o limite já está bastante estourado.

Assim, a seguir, deixo algumas orientações que considero bastante úteis:

> As dívidas trazem um peso enorme no relacionamento, e muitos casamentos terminam por causa de problemas com dívidas.

- Primeiro, saiba que vocês não são os únicos a caírem na armadilha das dívidas.
- Acreditem que, unidos, vocês podem encontrar um caminho para sair dessa situação, bastando que tenham disciplina, comprometimento e determinação.
- Conversem sobre o assunto com total transparência.
- Façam uma lista de tudo que estão devendo. É melhor enfrentar a realidade.
- Façam uma lista para saber o total dos rendimentos "líquidos".
- Façam uma lista de todas as despesas. Essa é a parte mais difícil, pois somos tentados a não colocar as pequenas coisas, os mínimos gastos. Portanto lembre-se de incluí-los.
- Preparem um orçamento. É preciso fazer outra lista de despesas, cortando o máximo possível de gastos para se ajustarem, ficando abaixo dos rendimentos.
- Fiquem bastante atentos à situação financeira, analisando os extratos bancários e recibos de cartões de crédito e débito, para ver como estão indo.
- Paguem a dívida. Façam o possível para pagar mais do que o mínimo do cartão de crédito, para diminuir o capital sobre o qual estão pagando juros.
- Verifiquem exatamente o gasto semanal e não saiam do planejado.
- Comuniquem-se com os credores. Mostrem seu planejamento. Tentem negociar. Demonstrem seu interesse em resolver a situação e quitar o que devem.

- Até que tudo se resolva, nada de comprar fiado. O melhor é que se compre tudo em dinheiro. Quando usamos o cartão de crédito, gastamos um terço a mais do quando pagamos à vista.
- Da próxima vez que lhes oferecerem um empréstimo que parece irresistível, atire-o imediatamente no lixo. Desenvolvam a habilidade de farejar as ofertas de crédito para jogá-las fora antes mesmo de abrirem.

Exercício para o CASAL

DESCUBRA SE VOCÊS SÃO UM CASAL COM FUTURO FINANCEIRO

Como vocês são na hora de comprar?
A ⃝ Agimos livremente, sem depender da aprovação do outro.
B ⃝ Um de nós é mais consumista, e o outro tem os pés no chão, o que equilibra as compras.
C ⃝ Nós dois somos cuidadosos e controlamos as nossas despesas.
D ⃝ Juntos, não passamos vontade! Usamos cartão de crédito e cheque especial.

Como vocês estabelecem os passeios?
A ⃝ Quem convida paga tudo, assim fica mais fácil.
B ⃝ Um se preocupa mais com o prazer, o outro, com os gastos. Às vezes, nos desentendemos.
C ⃝ Definimos o local juntos, com antecedência, e dividimos as despesas.
D ⃝ O prazer é a nossa prioridade, afinal, a vida é uma só.

Quem faz as contas?
A ⃝ Cada um faz as suas contas.
B ⃝ Um de nós controla tudo.
C ⃝ Fazemos as contas juntos.
D ⃝ Nenhum de nós. Para que fazer contas?

Um sabe o quanto o outro recebe todos os meses?
A ⃝ Não costumamos falar sobre isso.
B ⃝ Apenas um de nós cuida dos números, é mais prático.
C ⃝ Sim, falamos de dinheiro abertamente.
D ⃝ Não, isso invade a privacidade do outro.

Quem ganha mais dinheiro decide mais?
A ⃝ Sim. Afinal, a pessoa batalhou para conseguir esse dinheiro.
B ⃝ Não, a palavra final é de quem conhece a fundo a nossa situação.
C ⃝ Mesmo havendo diferença nos ganhos, tomamos as decisões juntos.
D ⃝ Não há decisões a dois, cada um age como acha melhor.

De que forma vocês se organizam para realizar os sonhos?
A ⃝ Temos alguns sonhos, mas o dinheiro não é suficiente.
B ⃝ Um de nós sempre toma a frente para saber dos custos.
C ⃝ Conversamos bastante e estamos guardando dinheiro para realizá-los.
D ⃝ Não temos planejamento para realizar sonhos.

Questão extra para casais que compartilham dívidas: Como vocês controlam essa situação?
A ⃝ A responsabilidade é de apenas um, não há motivos para os dois se preocuparem.
B ⃝ Dividimos da seguinte maneira: cada um paga metade.
C ⃝ Pagamos as parcelas em dia e cada um dispõe da quantia proporcional ao seu salário.
D ⃝ Temos dificuldades em pagar em dia e quitar essas dívidas.

Some os pontos: A = 2 pontos | **B** = 3 pontos | **C** = 4 pontos | **D** = 1 ponto

RESULTADO

A partir de 25 pontos: Juntos até que a morte nos separe, e não o dinheiro!
Parabéns! Vocês formam um casal que tem cumplicidade nas finanças. Continuem sendo parceiros na administração do dinheiro e deem cada vez mais atenção aos seus sonhos. Estabeleçam os objetivos que desejam conquistar juntos, calculem os custos e cortem despesas para realizá-los. Para sonhos de curto prazo, a serem conquistados em até um ano, guardem o dinheiro na poupança ou pesquisem opções de títulos do Tesouro Direto. Para sonhos de médio prazo, a serem realizados entre um e dez anos, apliquem em CDBs e Tesouro Direto. Para sonhos de longo prazo, acima de dez anos, deem preferência à previdência privada. Aproveitem o potencial e realizem cada vez mais sonhos!

De 14 a 24 pontos: Amor, amor, dinheiro à parte.
Apesar de respeitarem o espaço um do outro, vocês não estão em completa sintonia.
   Sabemos que falar sobre dinheiro pode ser estressante e conflituoso quando não há educação financeira. No entanto, evitar o assunto pode gerar desavenças ainda maiores no futuro. Conversem abertamente: façam um diagnóstico de sua situação financeira, conheçam os ganhos e os gastos um do outro e estabeleçam objetivos. Resgatem seus sonhos e poupem dinheiro para realizá-los! Com diálogo, transparência e uso consciente do dinheiro, o relacionamento se fortalecerá e vocês conquistarão muitas coisas juntos.

Até 14 pontos: Baixa sintonia financeira.
Apenas um ou, pior, nenhum dos dois é comprometido com o controle das finanças. Preocupo-me com vocês, casal, pois sei que essa situação gera conflitos no longo prazo. Conversem abertamente sobre seus salários, suas despesas e os objetivos que têm na vida. Do contrário, correm sérios risco de entrar em endividamento e até mesmo se tornarem inadimplentes no futuro. Lembrem-se de que o diálogo aumenta a cumplicidade e faz que vocês estejam sempre na mesma sintonia. Portanto, ajam como parceiros e dividam essa responsabilidade! Juntos, vocês terão forças para consumir de forma consciente, poupar e realizar sonhos.

Fonte: http://www.dsop.com.br/artigos/2016/06/teste-descubra-se-voces-sao-um-casal-com-futuro-financeiro/

SUGESTÃO DE LEITURA

▶ **www.dsop.com.br** — educação financeira.
   A DSOP Educação Financeira é uma organização dedicada à disseminação da educação financeira no Brasil e no mundo, por meio da aplicação da Metodologia DSOP, criada pelo PhD. em Educação Financeira, educador e terapeuta financeiro, Reinaldo Domingos.

Exercício para a MULHER

TESTE DE EDUCAÇÃO FINANCEIRA
PERFIL DE CONSUMIDOR

Você possui controle de seus gastos e ganhos?
A ⃝ Registro todos os meus pequenos e grandes gastos e ganhos.
B ⃝ Registro somente os grandes gastos e ganhos.
C ⃝ Não registro meus gastos e ganhos.

Você possui objetivos para gastar o dinheiro?
A ⃝ Sim, possuo sonhos de curto, médio e longo prazos e poupo de acordo com o prazo de cada um.
B ⃝ Possuo sonhos e objetivos, mas não tenho prazo para realizá-los, nem direciono meus investimentos para eles.
C ⃝ Não tenho claramente meus objetivos; normalmente, penso no hoje e gasto com o que tenho vontade.

Você já realizou uma análise aprofundada de sua vida financeira?
A ⃝ Faço um diagnóstico uma vez por ano e registro o que ganho e o que gasto.
B ⃝ Faço essa análise quando estou com o orçamento apertado.
C ⃝ Não me preocupo com esta ação, tenho uma visão superficial de meus gastos e ganhos.

Em relação ao consumo de roupas e acessórios:
A ⃝ Reflito sobre a real necessidade de comprar e também associo a compra às reais condições de consumo e aproveito liquidações.
B ⃝ Busco me conter, mas não resisto a uma liquidação.
C ⃝ Costumo comprar por impulso as roupas que acredito serem necessárias e que estão na moda.

Qual sua relação de consumo com produtos pessoais — cosméticos e higiene, por exemplo?
A ⃝ Defino bem os produtos que pretendo adquirir e pesquiso para comprar com a melhor relação custo/benefício.
B ⃝ Tenho meus produtos preferidos e os reponho antes de acabar.
C ⃝ Procuro ter a maior variedade de produtos possíveis e compro todos que acredito serem interessantes.

Quando recebe seu salário e ganhos mensais:
A ⃝ Guarda de 10% a 20% dos ganhos mensais para a realização dos sonhos.
B ⃝ Guarda 10% de meus ganhos, mas ainda não sei como utilizar essa reserva.
C ⃝ Não guardo dinheiro, porque não consigo pagar todas as minhas despesas do mês.

Quando vai ao shopping, como você se comporta?
A ⃝ Vou ao shopping para passear e só compro o que está previsto em meu orçamento.
B ⃝ Passeio no shopping e, quando gosto de algo, compro.
C ⃝ Vou mais de três vezes por semana e sempre compro o que me agrada.

Como você costuma pagar suas compras?
A ⃝ Pesquiso o preço à vista do produto, peço desconto ou parcelo sem juros, sempre observando a disponibilidade do meu orçamento.

B ⬜ Costumo usar cheque pré-datado, crediário e parcelamento no cartão, mas somente quando compro mais do que deveria.
C ⬜ Sempre opto pelo parcelamento, crediário e pelo cheque pré-datado por causa do orçamento apertado.

Onde você investe o seu dinheiro?
A ⬜ Invisto o meu dinheiro no mercado financeiro, com perfil conservador.
B ⬜ Invisto em imóveis para alugar e para aumentar meu patrimônio.
C ⬜ Nunca sobra dinheiro para investir.

Se você ficasse desempregado, por quanto tempo você conseguiria manter seu padrão de vida?
A ⬜ Por 20 ou 30 anos.
B ⬜ Por até 10 anos.
C ⬜ Por menos de 1 ano.

Peso das respostas
A = 10 pontos   **B** = 5 pontos   **C** = 0 ponto

Exercício para a **MULHER**

TESTE DE EDUCAÇÃO FINANCEIRA
PERFIL DE CONSUMIDOR

Você possui controle de seus gastos e ganhos?
A ☐ Registro todos os meus pequenos e grandes gastos e ganhos.
B ☐ Registro somente os grandes gastos e ganhos.
C ☐ Não registro meus gastos e ganhos.

Você possui objetivos para gastar o dinheiro?
A ☐ Sim, possuo sonhos de curto, médio e longo prazos e poupo de acordo com o prazo de cada um.
B ☐ Possuo sonhos e objetivos, mas não tenho prazo para realizá-los, nem direciono meus investimentos para eles.
C ☐ Não tenho claramente meus objetivos; normalmente, penso no hoje e gasto com o que tenho vontade.

Você já realizou uma análise aprofundada de sua vida financeira?
A ☐ Faço um diagnóstico uma vez por ano e registro o que ganho e o que gasto.
B ☐ Faço essa análise quando estou com o orçamento apertado.
C ☐ Não me preocupo com esta ação, tenho uma visão superficial de meus gastos e ganhos.

Em relação ao consumo de roupas e acessórios:
A ☐ Reflito sobre a real necessidade de comprar e também associo a compra às reais condições de consumo e aproveito liquidações.
B ☐ Busco me conter, mas não resisto a uma liquidação.
C ☐ Costumo comprar por impulso as roupas que acredito serem necessárias e que estão na moda.

Qual sua relação de consumo com produtos pessoais — cosméticos e higiene, por exemplo?
A ☐ Defino bem os produtos que pretendo adquirir e pesquiso para comprar com a melhor relação custo/benefício.
B ☐ Tenho meus produtos preferidos e os reponho antes de acabar.
C ☐ Procuro ter a maior variedade de produtos possíveis e compro todos que acredito serem interessantes.

Quando recebe seu salário e ganhos mensais:
A ☐ Guarda de 10% a 20% dos ganhos mensais para a realização dos sonhos.
B ☐ Guarda 10% de meus ganhos, mas ainda não sei como utilizar essa reserva.
C ☐ Não guardo dinheiro, porque não consigo pagar todas as minhas despesas do mês.

Quando vai ao shopping, como você se comporta?
A ☐ Vou ao shopping para passear e só compro o que está previsto em meu orçamento.
B ☐ Passeio no shopping e, quando gosto de algo, compro.
C ☐ Vou mais de três vezes por semana e sempre compro o que me agrada.

Como você costuma pagar suas compras?
A ☐ Pesquiso o preço à vista do produto, peço desconto ou parcelo sem juros, sempre observando a disponibilidade do meu orçamento.

B ☐ Costumo usar cheque pré-datado, crediário e parcelamento no cartão, mas somente quando compro mais do que deveria.

C ☐ Sempre opto pelo parcelamento, crediário e pelo cheque pré-datado por causa do orçamento apertado.

Onde você investe o seu dinheiro?

A ☐ Invisto o meu dinheiro no mercado financeiro, com perfil conservador.

B ☐ Invisto em imóveis para alugar e para aumentar meu patrimônio.

C ☐ Nunca sobra dinheiro para investir.

Se você ficasse desempregado, por quanto tempo você conseguiria manter seu padrão de vida?

A ☐ Por 20 ou 30 anos.

B ☐ Por até 10 anos.

C ☐ Por menos de 1 ano.

Peso das respostas

A = 10 pontos   **B** = 5 pontos   **C** = 0 ponto

RESULTADO

De 70 a 100 pontos
Econômico e poupador — Parabéns, você está no caminho certo! O hábito de poupar é o meio para se tornar uma pessoa sustentável financeiramente. É preciso proteger, poupar e guardar parte do dinheiro que passa por suas mãos, pois é por meio dele que você realizará seus sonhos e objetivos. Atrelar o dinheiro guardado a um sonho é o segredo para que ele se realize. Tenha sempre, no mínimo, três sonhos: de curto prazo (até um ano), o de médio prazo (de um a dez anos) e de longo prazo (acima de dez anos). Dinheiro guardado sem um sonho atrelado é vendaval, e as compras por impulso acabam acontecendo. Cuidado!

De 45 a 65 pontos
Equilibrado — Pode parecer que tudo está em plena ordem. O fato de não ter dívidas ou tê-las sob controle, não significa tranquilidade. Isso porque você não criou o hábito de guardar parte do dinheiro que ganha e, consequentemente, quase não consegue acumular reservas financeiras. Grande parte da população encontra-se nessa situação, que é de grande risco; é a conhecida "zona de conforto". É preciso retomar o comando de sua vida financeira e fazer imediatamente um diagnóstico com a ajuda da família, registrando por 30 dias tudo que gastar, até mesmo as pequenas despesas. Além disso, deve definir seus sonhos, para que se inicie esse processo, lembrando que, para cada sonho, é preciso saber o valor, quanto guardará por mês e em quanto tempo realizará. Invista em sua educação financeira.

De 0 a 40 pontos
Consumista — Sua situação é delicada, você pode estar inadimplente ou muito próximo disso. É preciso ter muita atenção e não desanimar, porque chegou o momento de levantar a cabeça e saber que sempre existe um caminho. É preciso assumir o controle financeiro de sua vida e fazer um diagnóstico financeiro, saber quanto ganha, com o quê gasta, descrever e detalhar todos os credores e os valores das dívidas.

Mas atenção: não procure o credor para fazer acordo no primeiro momento; caso ele venha lhe procurar, diga que você está se organizando financeiramente e sabe que deve, mas pagará quando e como puder.

Portanto, tome atitudes, tenha disciplina e muita perseverança. Tudo começa com o primeiro degrau e, lembre-se, estar endividado ou inadimplente é uma questão de escolha.

Fonte: http://www.dsop.com.br/artigos/2016/03/dia-mundial-do-consumidor-faca-o-teste-e-descubra-seu-perfil/

YOUTUBE DA GISELE
@GiseleLima

Aponte seu celular para o QR code e acesse orientações valiosas para fortalecer e revigorar seu relacionamento conjugal.

Eu sei por que vocês brigam tanto!
https://www.youtube.com/live/pErJu9ngtUQ?feature=shared

Descubra se você e seu cônjuge são incompatíveis
https://www.youtube.com/live/JBi7zQXmdio?feature=shared

Como ter uma comunicação eficaz
https://www.youtube.com/live/U_EMYCfqPAs?feature=shared

Você tem dificuldade de perdoar?
https://youtu.be/aC7OnoK-gJQ?feature=shared

Quero perdoar, mas não consigo
https://youtu.be/WHU7PtGFEzg?feature=shared

Como perdoar alguém que me feriu tanto
https://youtu.be/vxQvVusbRmo?feature=shared

Como restaurar a confiança após traição
https://www.youtube.com/live/aNOwI8kZE0Q?feature=shared

OUTROS RECURSOS VALIOSOS

- **SOAR Global Institute** — www.soargi.com
- **Teste de personalidade gratuito** — www.16personalities.com

ATITUDE 5

VALORIZE O RELACIONAMENTO SEXUAL

[...] fechada a porta do quarto, o casal experimenta uma perfeita união — vivem um momento sublime que os une de forma exclusiva e íntima, que não é partilhada por mais ninguém sobre a terra. Essa é a principal razão por que o ato conjugal tem essa grande propriedade de unir, ligar e enriquecer a vida do casal.

Tim e Beverly[1]

ONDE COMEÇA UMA VIDA SEXUAL SATISFATÓRIA?

A satisfação sexual é importante para a felicidade conjugal; ela produz paixão, proximidade e mantém a chama acesa. Casais que não desfrutam de satisfação sexual, raramente têm um bom casamento. E, como tudo na vida, conquistar a realização sexual é resultado de empenho e investimento contínuo.

---

[1] *O que o ato conjugal significa para a mulher*, p. 50.

Os casais que realizam uma boa relação sexual passam muitas horas em grande harmonia mental e emocional antes do ato, e depois dele, muitas horas de satisfação e intimidade mútua, por causa de seu amor. Provavelmente, nenhum outro tipo de envolvimento humano cimenta seu relacionamento com mais firmeza do que o ato conjugal. ²

Eis alguns pontos importantes sobre uma vida sexual satisfatória:

Começa na cabeça! O que você pensa sobre sexo, como aprendeu e o conceito que formou sobre sexualidade impactarão na qualidade de sua vida sexual. Por isso, é muito importante ter uma visão clara dos conceitos estabelecidos por Deus para a sexualidade e deixar que isso influencie sua mente, e não os padrões distorcidos propostos pela sociedade. Deus nos criou seres sexuais com todo potencial para ter uma vida sexual plena no casamento.

> Deus nos criou seres sexuais com todo potencial para ter uma vida sexual plena no casamento.

Demanda conhecimento. É importante sempre buscar conhecimento para compreender as diferenças. É necessário saber o que o sexo significa para homem e o que ele significa para a mulher, como funciona o corpo de cada um, incluindo a parte hormonal; conhecer bem todo potencial sexual que temos e aprender a usufruir. A vida é dinâmica. Mudamos a cada fase do casamento. Eis a razão de você não parar de buscar conhecimento. O importante é escolher fontes saudáveis que sigam os princípios divinos.

Carece de conversas frequentes. É preciso conversar com frequência sobre a vida sexual, com total liberdade e honestidade, para compreender as diferenças, identificar as preferências e necessidades um do outro. Assim como saber o que está incomodando,

---

² Idem.

ou não está sendo prazeroso para o outro. E juntos, buscar formas de melhorar cada vez mais.

Tem a ver com um relacionamento não sexual igualmente satisfatório. Em cada atitude expressa no dia a dia, em toda a casa, e não somente "no quarto". Uma das maiores razões para o esfriamento na vida sexual de um casal é a própria dinâmica do relacionamento. Se não há demonstração de afeto, cuidado e valorização mútua, dificilmente, haverá vida sexual satisfatória. Qualquer prazer experimentado com o sexo não será suficiente para compensar as emoções negativas vividas no relacionamento conjugal no dia a dia. Um relacionamento não sexual ruim desgasta ou mata o desejo sexual.

Demanda uma boa saúde! Sexo e saúde caminham juntos. Uma boa saúde favorece uma vida sexual satisfatória. Existem várias questões relacionadas à saúde que podem afetar diretamente a vida sexual e, por isso, precisam ser identificadas antes de qualquer conclusão. É importante fazer exames periódicos para verificar se existe alguma alteração fisiológica (hormônio, dosagem de vitaminas, anatômica etc.). Vale ressaltar que bem-estar envolve saúde física, emocional e espiritual e, por isso, é preciso estar atento e cuidar das três partes. Existem muitas questões de cunho emocional que afetam diretamente no desempenho sexual, produzindo insatisfação nessa área. Algumas disfunções sexuais, como a ejaculação precoce, dificuldade de ereção ou diminuição drástica do apetite sexual, podem estar relacionadas tanto a questões fisiológicas quanto a problemas emocionais, como ansiedade, depressão, estresse excessivo, entre outros. Tudo isso pode ser totalmente resolvido com ajuda profissional correta, se forem identificados. O maior problema é não procurar ajuda.

Necessita de intencionalidade. Uma escolha! Eu posso decidir que terei uma vida sexual satisfatória e agir com empenho para isso. Significa ter uma atitude intencional de investir tempo descobrindo um ao outro, conversando para compreender as necessidades de cada um, e assim, construir juntos um estilo próprio de relacionamento sexual que seja satisfatório para ambos.

Demanda estabelecimento de prioridades que gerem satisfação mútua. Criando oportunidades para momentos de intimidade. Divertirem-se e alegrarem-se na vida sexual, permitindo um ao outro que se expresse com liberdade, sem receio e, assim, usufruir do prazer que Deus deu.

Muitos casais deixam que as exigências da família, do trabalho e das atividades sociais drenem todo seu tempo e energia, não sobrando o suficiente para uma boa interação sexual. Uma vida sexual à base de "encaixes" de tempo e baixos níveis de energia será pobre emocionalmente e se tornará mecânica e entediante.

O prazer sexual mútuo não é automático

> O marido deve cumprir os seus deveres conjugais para com a sua mulher, e da mesma forma a mulher para com o seu marido. A mulher não tem autoridade sobre o seu próprio corpo, mas sim o marido. Da mesma forma, o marido não tem autoridade sobre o seu próprio corpo, mas sim a mulher. Não se recusem um ao outro, exceto por mútuo consentimento e durante certo tempo, para se dedicarem à oração. Depois, unam-se de novo, para que Satanás não os tente por não terem domínio próprio (1Coríntios 7:3-5).

Seja amante do seu cônjuge! Esteja sempre disponível sexualmente para o seu cônjuge! Em síntese, é isso que diz essa passagem. Se compreendermos e incorporarmos essa palavra, teremos uma grande possibilidade de termos uma vida sexual plena. O apóstolo Paulo abordou com ousadia a questão da vida sexual do casal, mostrando o quanto é relevante. Ele fala de forma clara e direta sobre o assunto e nos leva a ter o mesmo entendimento ainda hoje. Aqui está o princípio do prazer sexual mútuo. Ambos, esposo e esposa, têm direito ao prazer sexual, cabendo a eles satisfazerem um ao outro.

VALORIZE O RELACIONAMENTO SEXUAL

Tanto o esposo como a esposa precisam entender e se preocupar em ser "amante" um do outro. Deus nos criou com necessidades sexuais que precisam ser supridas e, muitas vezes, um dos cônjuges acaba se envolvendo em um caso extraconjugal ou tendo um(a) "amante" porque, em casa, não está sendo suprido nessa área. Ou seja, a esposa ou o esposo não está sendo o/a "amante" que deveria ser. E a verdade é que temos muito preconceito com a palavra "amante". Infelizmente, ainda existe em nossa mente uma separação forte, talvez cultural, entre o que é esposa(o) e amante, enquanto toda(o) esposa(o) deveria ser amante de seu cônjuge.

> Tanto o esposo como a esposa precisam entender e se preocupar em ser "amante" um do outro.

Quais seriam as principais características de um(a) "amante", dentro dos conceitos sociais que conhecemos?

- *É seguro(a) de si.* Valoriza-se, cuida de si e, por isso, sente-se valorizado(a). Da mesma forma, tanto o esposo quanto a esposa precisam se valorizar e se cuidar para que se sintam seguros de si. Uma boa autoestima realça a beleza, assim como uma baixa autoestima pode apagar a beleza. É sempre uma questão mais de atitude e postura do que de aparência.
- *Não reclama e não faz críticas.* É sempre interessante e agradável conversar com ele(a). Está sempre pronto(a) a ouvir. Dessa forma, não desgasta a relação.
- *Está sempre disponível sexualmente.* Sempre tem disposição para relacionamento sexual. Toma a iniciativa e busca formas de satisfazer o outro.
- *Gosta de se aventurar e sair da rotina.* Tem disposição para experimentar coisas novas, criar agenda para estarem juntos. Isso renova e mantém a chama acessa.
- *Cria situações de intimidade surpreendentes e inesperadas.* Isso mantém a relação aquecida.
- *Empenha-se para tornar os momentos juntos inesquecíveis.*
- *Elogia e ressalta o que o outro tem de bom.* Demonstra admiração.

Ao falar sobre "ser amante" com os casais, sempre escuto que isso é apenas fantasia. Sim, é uma ilusão acreditar que alguém possa ter todas essas características sempre. Achar que a pessoa de um caso extraconjugal será todo tempo assim ou querer que o cônjuge seja constantemente dessa forma. Isso, é fantasiar! Mas, por que não cultivar tais características para uma satisfação sexual no casamento?

Concordo que ninguém será assim 100% do tempo, mas é bem possível, com disposição e esforço, sermos assim com nosso cônjuge a maior parte do tempo. Especialmente se tivermos convicções cristãs bem definidas e tivermos incorporado os princípios originais do casamento, não será impossível manter esse perfil de "amante" durante toda a vida. A conquista e a sedução não são apenas para o início dos relacionamentos, mas devem continuar sendo cultivadas sempre e jamais deixá-las cessar.

> A conquista e a sedução não são apenas para o início dos relacionamentos, mas devem continuar sendo cultivadas sempre e jamais deixá-las cessar.

Observe bem a passagem citada em que Paulo aborda inclusive a questão da frequência sexual, que é sempre discutida quando o tema é vida sexual. Ele fala não só para não se absterem, mas também que devem ter uma regularidade na vida sexual. Um casal não passar muito tempo sem terem relações sexuais.

Entende-se, portanto, que o casal deve conversar e encontrar uma frequência que seja satisfatória para ambos, de modo que nenhum se sinta privado. Caso isso não seja feito, a consequência é clara: certamente serão tentados.

Existem pesquisas que mostram que 98% das mulheres reclamam de falta de carinho e 96% dos homens reclamam de falta de sexo. O que acontece, geralmente, é um ciclo em que o esposo não dá carinho, a mulher não tem desejo de fazer sexo e, sem sexo o homem não dá carinho e, assim, sucessivamente.

> A privação sexual é um grande risco para o casamento e, por isso, precisa ser evitada.

A privação sexual é um grande risco para o casamento e, por isso, precisa ser evitada. Esse é o alerta muito claro que Paulo faz, afirmando que Satanás, que está em derredor, não perderá a oportunidade para criar situações de tentação que podem destruir o casamento. Com diálogo e transparência, os cônjuges podem achar caminhos para que a privação não ocorra. Isso precisa ser levado a sério. Privar o cônjuge de intimidade sexual satisfatória faz com que a infidelidade seja uma possibilidade (adiante falaremos mais a respeito disso). Contudo, mesmo que não tire a responsabilidade de quem foi infiel, quem deixa de satisfazer o cônjuge sexualmente é corresponsável por sua queda, pois deixa o outro, e a si mesmo, vulneráveis. A grande questão é que evitar que o cônjuge se sinta privado sexualmente não precisa ser um fardo.

Preste bem atenção nesse provérbio de Salomão e entenda o alerta que Paulo deixou sobre o perigo da privação sexual no casamento: "Quem está satisfeito despreza o mel, mas para quem tem fome até o amargo é doce" (Provérbios 27:7). A Palavra de Deus revela, a partir da sabedoria dada a Salomão, o que a ciência, milhares de anos depois, veio chamar na psicologia comportamental de reforço positivo.

Quando ficamos privados de algo, o seu poder reforçador ou de recompensa aumenta e, por isso, o poder de atração ficará bem maior. Por exemplo, se você acabar de beber um litro de água e alguém lhe oferecer um copo de água, mesmo que for uma água fresca e geladinha, você provavelmente rejeitará, porque estará saciado de água naquele momento.

Agora, pense se você estivesse privado de água, sem bebê-la por três dias e, logicamente, estivesse com muita sede, o poder de recompensa ou o prazer de um copo de água estaria muito aumentado, podendo chegar ao ponto em que se alguém lhe oferecesse água naquele momento e, mesmo sendo uma água quente e suja, você beberia e ainda sentiria prazer nisso.

A mesma dinâmica pode acontecer quando há privação sexual. O desejo sexual é uma necessidade fisiológica. Quando somos privados nessa área, o efeito é exatamente o mesmo. Uma vez, ao explicar isso para um casal, ouvi do esposo que havia sido infiel à sua esposa a seguinte frase: "Eu estava tão privado que bebi água de esgoto sem me dar conta".

Ter uma comunicação eficaz é fundamental para que não ocorra uma privação na área sexual. Isso porque não existe um padrão ideal estabelecido de frequência quanto às relações sexuais. Cada pessoa é única e cada relacionamento também. Somente conversando abertamente os cônjuges poderão saber quando o seu esposo ou sua esposa se sentirão privados ou não. Esse nível de necessidade sexual é muito subjetivo. Há pessoas que se sentem em privação sexual com um ou dois dias, outras, com uma semana ou até dez dias. Cultive sempre um diálogo aberto para que possam avaliar juntos cada situação e encontrar um caminho para que a privação sexual não aconteça para nenhum dos cônjuges.

Há diversas situações na vida que afetam diretamente a vida sexual do casal. Para evitar a privação sexual, é importante considerar, principalmente, as situações atípicas como determinadas fases do casamento (gravidez, filhos, estudos, meia-idade etc.) ou alguma situação inesperada que possa impossibilitar, por algum tempo, um dos cônjuges para o ato sexual, na sua forma mais comum, exigindo que façam adaptações. O cuidado com a privação sexual deve ser redobrado nessas situações, incluindo viagens. O importante é que haja um empenho mútuo para encontrar soluções a fim de que a privação sexual não ocorra.

> O cuidado com a privação sexual deve ser redobrado nessas situações, incluindo viagens.

Se entendermos e incorporarmos a parte de 1Coríntios 7, que afirma que não temos mais autoridade sobre o nosso corpo, mas sim o nosso cônjuge, tudo ficará mais simples. Principalmente as mulheres que têm a tendência de romantizar muito, fazer mais restrições e se sentirem "usadas" com certa facilidade e, muitas vezes, privam seus esposos de terem uma satisfação sexual plena. Na verdade, ambos, homens e mulheres, têm dificuldade de aceitar com tranquilidade o fato de que não há nada demais que o seu corpo seja para satisfazer o outro. Desde que haja entendimento e seja feito em consenso e amor, isso será prazeroso, e não um peso.

Em grande parte dos casos, há dificuldade, especialmente para a esposa, em compreender que não há mal algum em seu cônjuge "usar" seu corpo para se satisfazer e vice-versa. No entanto, quando assimilamos essa verdade, passamos a vê-la como algo bom e não como um "martírio". O meu maior prazer passa a ser dar prazer ao meu cônjuge ou vê-lo se satisfazendo em mim. Isso gera intimidade, cumplicidade e produz segurança e autoconfiança. É muito importante ficar claro que estou falando de equilíbrio e bom senso. O fato de entender que meu corpo é para satisfazer meu cônjuge não dá a ele o direito de ultrapassar limites, desrespeitar-me, machucar-me ou constranger-me. Mais adiante, conversaremos sobre limites, mas a questão é que, se eu entendo que meu corpo é do meu cônjuge e vice-versa, satisfazê-lo sexualmente deixa de ser só uma obrigação e passa a ser prazeroso e satisfatório para ambos. "Ver a sua satisfação e o seu prazer, me dá prazer."

> O meu maior prazer passa a ser dar prazer ao meu cônjuge ou vê-lo se satisfazendo em mim. Isso gera intimidade, cumplicidade e produz segurança e autoconfiança.

Satisfação mútua

Para que haja satisfação mútua, é...

Preciso conhecer muito bem as diferenças. O que é um paraíso para um, pode ser um inferno para o outro. É preciso saber o que o sexo significa para o homem e o que significa para a mulher; saber sobre sexualidade masculina e feminina e suas diferenças fisiológicas. Todos mudam com o passar dos anos e suas necessidades também, por isso, conversar sempre é imprescindível.

Os homens, por exemplo, não podem ignorar que as mulheres funcionam sob um ciclo hormonal mensal. Costumo dizer que a mulher tem uma "chavinha" que fica 15 dias para cima e 15 dias para baixo. É preciso se comunicar e identificar isso para que ambos possam se beneficiar, aproveitando ao máximo quando a "chavinha" estiver para cima. E quando estiver para baixo, ambos precisam compreender o lado do outro. A mulher precisa se esforçar mais para satisfazer seu marido, e ele precisa lembrar que ela precisará de mais tempo e mais estímulo nessa fase.

As mulheres precisam entender que os homens não têm um ciclo hormonal, mas têm um ciclo de produção seminal em torno de 72 horas, que gera uma necessidade fisiológica de esvaziamento da vesícula seminal. Então, fisiologicamente, o homem tem uma necessidade de ejaculação de um intervalo médio de três dias, causando desconforto quando não ocorre. Além do fato de que o homem tem uma alta concentração de testosterona no sangue, o que faz que ele tenha um apetite sexual maior. E isso explica muitas coisas.

Fundamental saber a linguagem de amor um do outro. Por exemplo, quando a linguagem de amor dela(e) é "atos de serviço", ajudar nas tarefas de casa ou qualquer outra tarefa pode ser um ótimo afrodisíaco. Se a linguagem for "palavras de afirmação", elogios terão esse efeito. E se a linguagem for "tempo de qualidade", assistir a um filme juntinhos pode despertar forte desejo sexual. Se for "toque", abraçar e beijar muito! E se for "presentes", trazer uma flor, um chocolate ou qualquer coisa que mostre que você se lembrou dela (e). A linguagem de amor está relacionada à motivação de cada um para o relacionamento sexual.

Preciso entender que satisfação mútua não é só quando os dois chegam juntos ao clímax. Embora isso aconteça, não é tão fácil (a não ser nos filmes de Hollywood). Essa expectativa produz ansiedade e frustração. A satisfação mútua também não ocorrerá apenas se ambos atingirem o clímax em todas as relações sexuais. Mesmo quando um dos cônjuges não estiver com desejo, não há nenhum problema em que, nessa ocasião, ele (ou ela) satisfaça o outro. Voltamos, novamente, à questão de que levar o outro ao clímax ou satisfazê-lo produz prazer em mim tanto

VALORIZE O RELACIONAMENTO SEXUAL

> A única forma de saber o que é prazeroso, ou não, para o seu cônjuge, é ouvindo dele.

quanto chegar ao clímax também. Enfim, é preciso estar atentos a tantas coisas que estão nos filmes românticos de forma distorcida e que não são reproduzíveis na vida real.

Imprescindível conversar com o cônjuge, aberta e frequentemente, sobre a vida sexual de vocês. O nível da comunicação reflete diretamente na qualidade da vida sexual de um casal. A única forma de saber o que é prazeroso, ou não, para o seu cônjuge, é ouvindo dele. Não dá para tentar adivinhar. É necessário conversar, inclusive, durante a relação sexual.

Necessário aprender a usufruir e aproveitar mais dos momentos de intimidade sexual. Um ato sexual vai muito além de pênis, vagina, penetração e orgasmo. É momento de olhar no olho, fazer declarações de amor, demonstrar carinho, ter conversas íntimas, relaxar, divertir-se, desnudar-se totalmente para o outro, se expressar com liberdade. É tempo de aproximação e de fortalecer a intimidade. Até nossas relações sexuais incorporaram o ritmo acelerado em que vivemos. Precisamos rever isso.

> Até nossas relações sexuais incorporaram o ritmo acelerado em que vivemos. Precisamos rever isso.

(Para eles): *Ter ciência do que elas mais reclamam*. Que a estimulação do esposo é mecânica. Que, muitas vezes, ele está preocupado mais em fazê-la chegar ao orgasmo do que agradá-la e dar-lhe prazer, mesmo que não resulte em orgasmo. Elas dizem que o esposo, geralmente, não é sensível para continuar estimulando-a depois que ele chegou ao clímax. E ainda, que não se importa com as preferências dela nem as valoriza.

(Para elas): *Ter ciência do que eles mais reclamam*. Da falta de disposição e iniciativa das esposas para o ato sexual. De falta de estímulo e de interação da esposa durante o ato sexual. Pedem uma participação mais ativa da esposa, de forma geral, e que ela também valorize as preferências dele.

Exercício para a MULHER

AVALIANDO NOSSA VIDA SEXUAL

Avalie pessoalmente, circulando o número correspondente:

1. Pouco satisfeita.
2. Mais ou menos satisfeita.
3. Satisfeita, podendo melhorar.
4. Muito satisfeita.

TEMAS DA VIDA SEXUAL	Minha avaliação			
Quanto à frequência das nossas relações sexuais.	1	2	3	4
Quanto ao comportamento dele, **antes** das nossas relações sexuais.	1	2	3	4
Quanto às atitudes dele **durante** as nossas relações sexuais.	1	2	3	4
Quanto às demonstrações de afeto, por parte dele, **após** as nossas relações sexuais.	1	2	3	4
Sobre a iniciativa por parte dele, para as nossas relações sexuais.	1	2	3	4
Quanto aos horários das nossas relações sexuais.	1	2	3	4
Quanto aos locais e às posições nas nossas relações sexuais.	1	2	3	4
Em relação ao tempo de duração de cada relação sexual.	1	2	3	4
Sobre o diálogo que temos tido sobre nossa vida sexual.	1	2	3	4

Exercício para o **HOMEM**

AVALIANDO NOSSA VIDA SEXUAL

Avalie pessoalmente, circulando o número correspondente:

1. Pouco satisfeito.
2. Mais ou menos satisfeito.
3. Satisfeito, podendo melhorar.
4. Muito satisfeito.

TEMAS DA VIDA SEXUAL	Minha avaliação			
Quanto à frequência das nossas relações sexuais.	1	2	3	4
Quanto ao comportamento dela, **antes** das nossas relações sexuais.	1	2	3	4
Quanto às atitudes dela **durante** as nossas relações sexuais.	1	2	3	4
Quanto às demonstrações de afeto, por parte dela, **após** as nossas relações sexuais.	1	2	3	4
Sobre a iniciativa por parte dela, para as nossas relações sexuais.	1	2	3	4
Quanto aos horários das nossas relações sexuais.	1	2	3	4
Quanto aos locais e às posições nas nossas relações sexuais.	1	2	3	4
Em relação ao tempo de duração de cada relação sexual.	1	2	3	4
Sobre o diálogo que temos tido sobre nossa vida sexual.	1	2	3	4

LIBERDADE E MOTIVAÇÃO PARA O RELACIONAMENTO SEXUAL

O sexo é uma bênção de Deus e deve ser vivido intensamente dentro dos princípios estabelecidos por Ele em sua Palavra (Provérbios 5:18,19). Na Bíblia, temos o livro Cântico dos Cânticos (ou Cantares de Salomão), que pode, e deve, ser interpretado como referente ao relacionamento de Cristo (o Noivo) com a sua Igreja (a Noiva), mas também retrata o relacionamento íntimo do casal, cheio de sensualidade e erotismo. Descreve com detalhes um relacionamento sexual intenso e prazeroso para ambos os cônjuges, o que é exatamente o que o nosso Criador projetou para nós.

Para que isso seja possível, é necessário haver entre o casal liberdade e motivação para o ato sexual. Vocês têm liberdade um com o outro para conversar com máxima transparência sobre a vida sexual de vocês (anseios, medos e tabus, preferências, crenças etc.)?

Dificilmente, o casal poderá usufruir de uma vida sexual intensa e prazerosa como está descrito em Cântico dos Cânticos sem haver liberdade e motivação para isso. A questão principal é entender que esse estímulo não surge do "nada", pois ambos os cônjuges precisam agir, *intencionalmente*, buscando formas para motivar-se e a seu cônjuge para o relacionamento sexual.

> Vocês têm liberdade um com o outro para conversar com máxima transparência sobre a vida sexual de vocês (anseios, medos e tabus, preferências, crenças etc.)?

Refiro-me a uma motivação natural, cultivada no dia a dia, antes, durante e após os encontros sexuais. É isso que manterá o desejo sexual ativo e fará que os momentos íntimos fluam e sejam prazerosos para os dois. Muitos casais recorrem a uma motivação mecânica e irreal, para obter uma excitação rápida na hora da relação sexual, por falta dessa motivação natural. Com isso, trazem insatisfação à sua vida sexual.

Se observarmos o livro de Cântico dos Cânticos, identificaremos como aquele casal buscava motivar a si mesmo e ao outro, o tempo todo, com palavras e atitudes. Focavam no que o outro tinha de melhor, no que o agradava, e não nos defeitos ou no que não gostavam no outro. Valorizavam um ao outro entre os demais, e expressavam isso constantemente, com palavras e gestos.

Como um lírio entre os espinhos é a minha amada entre as jovens. Como uma macieira entre as árvores da floresta é o meu amado entre os jovens. Tenho prazer em sentar-me à sua sombra; o seu fruto é doce ao meu paladar (Cânticos 2:2,3).

Meu amado é moreno e fascinante; ele se destaca no meio da multidão. Seu porte é majestoso, como o dos cedros do Líbano. Sua voz é a própria doçura; ele é desejável em todos os sentidos (Cânticos 5:10,15,16, NVT).

Minha querida, você é bonita como a cidade de Jerusalém, encantadora como a cidade de Tirza, e impressionante como essas duas cidades. Desvie de mim os seus olhos, pois eles me perturbam. Pode haver sessenta rainhas, oitenta concubinas, e muitas moças; mas eu amo somente uma, aquela que é perfeita como a pomba (Cânticos 6:4-5a,8-9, NTLH).

> Como você enxerga o seu cônjuge? O que ele(a) tem ouvido da sua boca? Que tipo de atitudes você tem com ele(a) no dia a dia? É algo que vai despertar o desejo e trazer motivação para ele(a), e para você, para um ato sexual prazeroso?

Como você enxerga o seu cônjuge? O que ele(a) tem ouvido da sua boca? Que tipo de atitudes você tem com ele(a) no dia a dia? É algo que vai despertar o desejo e trazer motivação para ele(a), e para você, para um ato sexual prazeroso? Comece a olhar para o seu cônjuge com mais amor e compaixão. Passe a focar no que ele(a) tem de melhor, naquilo que lhe é agradável nele(a). Comece a valorizar os pontos positivos de seu cônjuge e expressar isso em palavras e atitudes. Dessa forma, ele(a) será desejável!

Se você só olha o que é ruim e negativo, só consegue ver o que não lhe agrada em seu cônjuge, como vai desejá-lo(a) e ter motivação para se entregar em um ato sexual prazeroso com ele(a)? Como terá "prazer em sentar-se à sua sombra" e como o "seu fruto será doce ao paladar?

> Como você é bela, minha querida! Como você é linda! Como os seus olhos brilham de amor! Como você é belo, meu querido! Como é encantador! A grama verde será a nossa cama (Cânticos 1:15,16, NTLH).

> Apanhem para nós as raposas, as raposinhas que estragam as vinhas, pois as nossas vinhas estão floridas (Cânticos 2:15).

O livro de Cântico dos Cânticos é uma inspiração de Deus para um relacionamento sexual pleno. Se o lermos na íntegra, veremos o esposo e a esposa o tempo todo valorizando o que há de bom um no outro e assim motivando-se mutuamente para o ato sexual. Pensam, planejam e se preparam para o relacionamento sexual.

Para se ter um *leito verdejante,* é necessário o mesmo necessário para se ter um jardim verde e florido: cuidado e investimento diário. É preciso valorizar e priorizar. Menos tempo para namoro e romance geralmente significa menos desejo sexual e insatisfação. Da mesma forma, o inverso, certamente, é verdadeiro. Quanto mais o relacionamento sexual for valorizado, de modo que ambos se preocupem em buscar formas de se motivar e motivar o outro para esse momento, mais satisfeitos ambos estarão em sua vida sexual.

Para se ter *uma vinha florida* também é preciso afastar as "raposinhas" para que elas não venham a estragá-la. Raposinhas representam pequenas coisas que vão devastando gradativamente a vida sexual do casal. Quais são as raposinhas que precisam ser tiradas do seu relacionamento conjugal para que vocês possam usufruir de um relacionamento sexual intenso e prazeroso?

Para ajudar o casal nesse processo, penso que cada um de vocês reflita seriamente nestas perguntas:

- Você sabe o que o motiva e o que o desmotiva para o ato sexual?
- Você já contou para o seu cônjuge?

- Você sabe o que motiva e desmotiva o seu cônjuge? (Se você nunca fez essa pergunta, então faça-o quanto antes).
- O que você tem feito para se motivar e motivar o seu cônjuge para o ato sexual?
- O que você tem oferecido ao seu cônjuge, sexualmente, é o seu melhor?
- Você tem feito tudo que está ao seu alcance para ser desejável a seu cônjuge?
- Você tem levado o seu cônjuge ao "salão de banquetes" e o tem saciado?
- O que você tem feito para evitar a privação do seu cônjuge nessa área?

Há limites para o relacionamento sexual dentro do casamento?

O casamento deve ser *honrado* por todos; o leito conjugal, conservado puro; pois Deus julgará os *imorais e os adúlteros* (Hebreus 13:4).

À luz do texto bíblico precedente, vamos refletir sobre alguns pontos.

Honra *versus* Imoralidade

Um relacionamento sexual, embora dentro do casamento, pode ultrapassar os limites e quebrar os princípios designados por Deus. Mesmo existindo fidelidade conjugal, há possibilidade de desonra do matrimônio pela imoralidade sexual levada para o leito. E a palavra "leito", no original hebraico, refere-se a "coito", que é o ato sexual.

Sempre há dúvidas a respeito de quais seriam os limites para a imoralidade. Muitos casais deixam de usufruir de uma vida sexual plena por acharem que quase tudo é imoralidade; por outro lado, muitos casais estão indo para o outro extremo e incorporando à sua vida sexual novos conceitos da atualidade que ultrapassam os limites, caindo na imoralidade sexual.

Como, então, ter uma vida sexual intensa e prazerosa sem ultrapassar os limites e sem desonrar o leito?

Sempre que surgir o desejo de incorporar uma nova prática sexual, é necessário conversar e analisar juntos quatro aspectos antes de decidirem se convém ou não a praticar:

1. *Há consenso entre os dois?* Muitas vezes, o casal não concorda, mas por pressão de o outro se submete a práticas sexuais com as quais não concorda, e isso gera esfriamento e insatisfação. Porém, mesmo que haja consenso, isso não é suficiente! Sigam perguntando.
2. *Tal prática quebrará os princípios em que cremos?* Há referências bíblicas que contestam? Nosso coração está em paz? Há várias passagens bíblicas explícitas sobre práticas sexuais consideradas imorais e que ferem o propósito de Deus (p.ex., Levíticos 18; 20; Romanos 1).
3. *Trará mais benefícios ou prejuízos?* Qualquer prática sexual que venha afetar a saúde física, emocional ou espiritual, fazendo o outro se sentir mal, constrangido, envergonhado, culpado, sujo etc. não vale a pena, pois trará desconexão, distanciamento e insatisfação sexual.
4. *É mesmo indispensável?* Precisamos, de fato, fazer isso para ter satisfação sexual mútua? É preciso fazer uma avaliação honesta do casamento. Por que estamos precisando buscar esse tipo de práticas para obter excitação? Se Deus nos criou com todo o potencial para viver uma vida sexual intensa e prazerosa, por que não está sendo suficiente?

Após analisar os quatro aspectos juntos, vocês terão condições para fazer uma escolha segura e coerente sobre as práticas sexuais que irão incorporar em seu casamento. Somente vocês, juntos,

> Muitos casais deixam de usufruir de uma vida sexual plena por acharem que quase tudo é imoralidade; por outro lado, muitos casais estão indo para o outro extremo e incorporando à sua vida sexual novos conceitos da atualidade que ultrapassam os limites, caindo na imoralidade sexual.

poderão tomar essa decisão. Ninguém pode determinar o que vocês podem ou não fazer entre quatro paredes. A questão não é o que não pode, mas porque não devem fazer.

É preciso estar bem atento para qual está sendo a motivação para tal prática sexual. Nenhuma prática sexual deve ser adotada se a motivação vier de resquícios de um passado promíscuo, de práticas de pornografia ou ainda por influência de novos conceitos que estão sendo incorporados pela sociedade atual e que ferem os princípios estabelecidos por Deus, como inserir uma terceira pessoa na relação sexual, troca de casais, entre outras. Se vai constranger o outro, ou ferir física e emocionalmente, deve ser suficiente para não ser praticada.

Um cônjuge não deve oprimir o outro, exigindo que faça algo com o que não concorde ou que esteja claro na Bíblia que desagrada a Deus. No entanto, algumas práticas sexuais não são mencionadas claramente na Bíblia. Nesses casos, somente os cônjuges, com o coração diante de Deus, poderão decidir juntos quanto a incorporá-las ou não em seu relacionamento sexual. Vale lembrar que existe o outro lado em que muitos casais deixam de desfrutar um sexo intenso e prazeroso por preconceitos, tabus, crenças e mitos.

PUREZA *VERSUS* INFIDELIDADE

Cada vez mais vemos a infidelidade ser encarada como algo normal ou inevitável. No entanto, a Palavra de Deus nos mostra o propósito divino para a vida sexual no casamento: pureza e fidelidade. Deus julgará os imorais, que desonram o leito com a imoralidade, e os adúlteros, que se tornam impuros devido à infidelidade conjugal. Adulterar é inserir algo ao que era puro e, assim, alterar, corromper o que era honrado e íntegro.

Infelizmente, a infidelidade tem sido indicada, de várias formas, como uma maneira de apimentar ou esquentar a vida sexual do casal. Há um discurso de que, nesses casos, não seria considerada infidelidade, já que existe um consenso e acordo entre os cônjuges. Mesmo entre casais que se consideram cristãos, percebe-se uma inclinação a aceitar e experimentar práticas sexuais como o uso de material pornográfico, troca de casais, trazer uma terceira pessoa para o ato sexual ou até um casamento aberto no qual cada cônjuge esteja livre para se relacionar sexualmente fora do casamento com algumas regras acordadas entre os dois.

Essas são práticas sexuais deturpadas e cada vez mais aceitáveis nos padrões sociais. Elas são sugeridas e incentivadas por meio da mídia de forma geral, especialmente em filmes, séries, novelas e nas redes sociais. Infelizmente, muitos casais que dizem ter convicções bem definidas a respeito do plano de Deus para o casamento estão aderindo a tais padrões e causando a destruição de seus casamentos.

Cuidados para evitar a infidelidade

Em um relacionamento conjugal, a confiança é o alicerce sobre o qual se constrói a intimidade e a parceria. No entanto, a infidelidade pode abalar essa base, causando dor e rompendo os laços emocionais estabelecidos entre os parceiros. Evitar a infidelidade requer não apenas comprometimento mútuo, mas também uma série de cuidados e medidas preventivas. Ao entender os fatores que podem levar à infidelidade e adotar práticas que fortaleçam o vínculo entre o casal, é possível cultivar um relacionamento mais sólido e resistente às tentações externas. Nesta exploração, examinaremos algumas estratégias e precauções essenciais para proteger a fidelidade e nutrir a confiança mútua dentro do relacionamento matrimonial.

Uso da internet

Um dos maiores desafios contra a infidelidade, atualmente, é ter responsabilidade para um bom uso da internet. Um dos grandes problemas é o fácil acesso a todo tipo de pornografia e prostituição virtual. Uma grande porcentagem de cristãos está viciada em pornografia. Jesus disse: "Quem olhar para uma mulher [homem] com intenção impura já cometeu adultério" (Mateus 5:8) e é exatamente

VALORIZE O RELACIONAMENTO SEXUAL

> Um dos maiores desafios contra a infidelidade, atualmente, é ter responsabilidade para um bom uso da internet.

o que a pornografia faz. Então, se você consome algum tipo de pornografia ou prostituição virtual, você está sendo infiel ao seu cônjuge da mesma forma.

A pessoa que consome pornografia chega a um ponto em que sua mente passa a fazer conexão de tudo com a área sexual. Um homem não consegue mais olhar para uma mulher com naturalidade sem pensar em "algo mais" e vice-versa. A pornografia geralmente mostra homens e mulheres com corpos "perfeitos" e em performances sexuais que não correspondem à realidade. Isso estimula uma expectativa irreal sobre a vida sexual conjugal, gerando grande frustração e causando insatisfação sexual.

Depois de consumir pornografia, a pessoa, inevitavelmente, fará comparações e achará seu cônjuge inferior e insuficiente. Além de querer reproduzir com o cônjuge o que viu, estará no ato sexual de forma impura, pois irá fantasiar sobre as imagens e situações registradas em sua mente. O uso impróprio da internet, portanto, pode levar um casal a estar ao mesmo tempo em situação de desonra e impureza, ou seja, imoralidade e adultério. Perceba a seriedade dessa questão e o cuidado que precisamos ter.

A facilidade de acesso à pornografia é realmente assustadora. Pesquisas mostram que, hoje, a idade média para um primeiro acesso é de 8 anos de idade e a via mais usada é o celular. Antes, era preciso buscar para ter acesso a algum conteúdo pornográfico; hoje, isso é oferecido em todo lugar e qualquer um tem acesso, muitas vezes, sem querer. Esse é um grande problema, pois a pornografia é viciante como a cocaína, já que produz o mesmo efeito de prazer no cérebro. A partir de um primeiro acesso, poderá ser difícil não seguir vendo, e a "dose" terá de ser cada vez mais forte para trazer satisfação. É um lixo que muitos casais têm levado para seu "leito" e que, por consequência, destrói seus casamentos.

Se você está nesse numeroso grupo de pessoas presas à pornografia e isso está destruindo seu casamento e sua vida, quero afirmar que existe saída dessa "areia movediça". É possível encontrar ajuda virtual em sites e canais no YouTube. Um bom exemplo é o site www.just1clickaway.org, criado por Josh McDowell, além de ajuda profissional de médicos, psicólogos e conselheiros. Busque fontes e pessoas confiáveis que irão, de fato, poder ajudar.

A principal regra para sair desse cativeiro é "tolerância zero" e isso significa abolir todo tipo de acesso a tudo que possa remetê-lo a qualquer tipo de pornografia ou que possa estimulá-lo para isso. Isso inclui filmes, séries, músicas, fotos etc. É fundamental ter alguém de confiança a quem possa prestar contas e pedir socorro nos momentos mais difíceis.

Relacionamento com o sexo oposto

Para evitar a infidelidade, é de extrema importância colocar limites bem claros para proteger seu relacionamento e dar plena segurança ao seu cônjuge, especialmente quando se diz respeito a qualquer tipo de relação com o sexo oposto. Esse cuidado precisa ser levado muito a sério, pois a maioria dos casos extraconjugais começam de um contato bem simples e não intencional. O ideal é nunca se expor a situações de risco. E a maior situação de risco é ficar a sós com alguém do sexo oposto, seja qual for a pessoa ou circunstância.

> O ideal é nunca se expor a situações de risco. E a maior situação de risco é ficar a sós com alguém do sexo oposto, seja qual for a pessoa ou circunstância.

Qualquer tipo de relação com o sexo oposto precisa ser cuidadoso. Seja de trabalho, escola, amizade, igreja ou mesmo um parente, presencial ou virtual. Você nunca sabe o que se passa na mente do outro, a situação que o outro se encontra e como ele vai receber o contato. Você pode não ter nenhuma intenção, mas e o outro? Um simples olhar, toque ou palavra pode significar tudo para o outro. Isso depende da intenção ou do momento de vida que este esteja passando.

Sem dúvida, o maior desafio nesse cuidado com a relação com o sexo oposto também é o uso da internet, mais especificamente das redes sociais. Sempre achamos que temos o controle e podemos parar quando quisermos. É aí que caímos nos laços que o inimigo arma. As coisas acontecem de forma gradativa até chegarem ao ponto em que não conseguimos parar ou retroceder.

Muitas pessoas não percebem quando fazem postagens com textos ou fotos inadequadas; ou quando seguem pessoas que lhes despertam algum desejo; quando está se envolvendo em conversas secretas em chats ou aplicativos de mensagens instantâneas; quando deixam o tempo dedicado às redes sociais roubar a atenção que seria dada ao cônjuge; quando estão habituadas a se encher de informações e pensamentos que só promovem futilidades, tais como piadas e memes, que muitas vezes, não irão edificar em nada sua vida.

Infelizmente, tenho visto muitos casamentos destruídos por casos extraconjugais que começaram com um simples comentário nas redes sociais sem a mínima intenção. Satanás precisa apenas de uma faísca para incendiar e destruir uma floresta inteira. Ele está observando e esperando uma mínima oportunidade para fazer isso. Ele é astuto e sagaz. Precisamos aprender a colocar cercas para proteger nossa vida conjugal.

A infidelidade sempre, em qualquer situação, será uma escolha pessoal. A Bíblia nos assegura que Deus é fiel e não permite que sejamos tentados além do que podemos suportar e, ainda que, quando tentados, Ele providenciará um escape (1Coríntios 10:13). A Bíblia também nos adverte sobre sermos *sóbrios e vigilantes*, pois o nosso real adversário está em derredor e não vai desperdiçar uma mínima oportunidade para roubar, matar e destruir (1Pedro 5:8,9; Tiago 4:7). Isso não muda o fato de que devemos perdoar a todos como Deus nos perdoa. Todos estamos sujeitos a errar e devemos ser compassivos uns com os outros. No entanto, o preço é inevitável e, muitas vezes, é a destruição de uma família. Por isso, é tão importante estar sempre atento e vigiar.

Ouvi de um grande pastor que vencer a tentação é uma questão de velocidade. Quanto mais depressa nos afastarmos, maior será a vitória. É preciso fugir de qualquer aparência do mal. É necessário cortá-lo pela raiz imediatamente e não dar nenhuma chance à tentação. É imprescindível pedir ajuda o mais rápido possível ao identificar o menor sentimento de fraqueza. Na Bíblia, podemos ver o exemplo de José, que impediu que a tentação destruísse sua vida:

> Aconteceu, depois destas coisas, que a mulher do seu senhor pôs os seus olhos em José e lhe disse: Deita-te comigo. Ele, porém, recusou [...]. Falando ela a José *todos os dias, e não lhe dando ele ouvidos*, para se deitar com ela e estar com ela, sucedeu que, certo dia, veio ele a casa, para atender aos negócios; e ninguém dos de casa se achava presente. Então, ela o pegou pelas vestes e lhe disse: Deita-te comigo; ele, porém, deixando as vestes nas mãos dela, saiu, fugindo para fora (Gênesis 39:7,8a,10-12).

Os padrões distorcidos divulgados de forma intensa nas mídias estão influenciando nossas mentes e nos levando a destruir nossos relacionamentos conjugais. Cabe a cada um se empenhar para estabelecer limites a fim de proteger seu casamento a partir de convicções bem definidas, que levam a uma vida cristã genuína que glorifique o nome de Jesus Cristo até mesmo em sua vida sexual.

Após mais de 15 anos acompanhando casais, já atendi os mais diversos casos de infidelidade conjugal e quero dizer que é possível superar e começar a viver um casamento novo e melhor com a mesma pessoa. Pode acreditar! Mas, para isso, precisa passar por um processo sério e completo, que vai além do perdão. Se você já viveu ou está vivendo essa dor devastadora, você pode fazer esse processo comigo de forma on-line, acessando meu método "Infidelidade Superada", na plataforma Hotmart.

Satisfazer o cônjuge e estar satisfeito (não apenas sexualmente)

A melhor forma de evitar a infidelidade é ter um cônjuge satisfeito, especialmente na área sexual, e estar satisfeito da mesma forma.

Como já foi dito, isso não acontece por acaso, mas de forma intencional, assumindo atitudes que levarão a essa satisfação. Já vimos sobre satisfação sexual mútua e ainda veremos um pouco mais adiante. Falamos também sobre o perigo da privação sexual, o que, sem dúvida, é algo que coloca em risco a fidelidade entre os cônjuges e deve ser evitada a todo custo.

> A melhor forma de evitar a infidelidade é ter um cônjuge satisfeito, especialmente na área sexual, e estar satisfeito da mesma forma.

Pela Palavra de Deus, entendemos que os cônjuges devem suprir e satisfazer um ao outro sexualmente. O corpo de um pertence ao outro para a satisfação sexual (1Coríntios 7:4) e isso nos dá liberdade para buscar a satisfação mútua de várias formas, assim como percebemos nas descrições do livro dos Cânticos.

Não podemos acreditar que um relacionamento sexual com o nosso cônjuge, no casamento, irá nos limitar a ponto de comprometer a satisfação sexual ou que, dentro dos princípios bíblicos, não seja possível ter uma vida sexual intensa e satisfatória. Ao contrário, é no casamento que temos a liberdade de explorar nosso potencial sexual, sem receio, sem culpa e dentro dos limites dos princípios de Deus.

Como já foi visto, o livro de Cânticos deixa claro o quanto um casal pode e deve ter liberdade para viver um relacionamento sexual intenso e prazeroso:

> Seus lábios são como um fio vermelho; sua boca é belíssima [...] Seus dois seios são como filhotes de cervo, como filhotes gêmeos de uma gazela que repousam entre os lírios. Enquanto não raia o dia e as sombras não fogem, irei à montanha da mirra e à colina do incenso. Você é toda linda, minha querida; em você não há defeito algum. Você fez disparar o meu coração [...] com um simples olhar [...]. Quão deliciosas são as suas carícias [...] e a fragrância do seu perfume supera o de qualquer especiaria! Os seus lábios gotejam a doçura dos favos de mel, leite e mel estão debaixo da sua língua. Você é um jardim fechado [...] você é uma

nascente fechada, uma fonte selada. De você brota um pomar de romãs com frutos seletos, com flores de hena e nardo [...] com todas as madeiras aromáticas [...] e as mais finas especiarias. Você é uma fonte de jardim, um poço de águas vivas [...]. Que o meu amado entre em seu jardim e saboreie os seus deliciosos frutos (Cânticos 4:3,5-7,9b-16b).

Uau! Impressionante quanta sensualidade e erotismo. Ler o livro de Cânticos é sempre uma motivação. Ao ler, é possível sentir a excitação entre eles. Percebe-se a liberdade e uma entrega total de seus corpos um ao outro para a satisfação mútua. Percebe-se o cuidado de ambos em satisfazer o outro, mas também em satisfazer-se com o outro. E isso é muito importante de entender, pois não podemos ficar focados cuidando apenas do prazer do outro, mas também buscar o nosso próprio prazer.

Torna-se um problema se entendermos que temos apenas que satisfazer o outro, "custe o que custar". Não é por aí. Assim como não podemos achar que o outro é totalmente responsável por me satisfazer. Se penso que o outro é o responsável pelo meu prazer, vou ficar esperando que o outro faça tudo. Essa é uma expectativa irreal que produz muita frustração. Uma relação são duas pessoas envolvidas em mutualidade, ambas responsáveis em satisfazer o outro, mas também em satisfazer-se com o outro.

> Percebe-se a liberdade e uma entrega total de seus corpos um ao outro para a satisfação mútua. Percebe-se o cuidado de ambos em satisfazer o outro, mas também em satisfazer-se com o outro.

Como são lindos os seus pés [...]. As curvas das suas coxas são como joias obra das mãos de um artífice. Seu umbigo é uma taça redonda onde nunca falta o vinho de boa mistura [...]. Seu pescoço é como uma torre de marfim. Seus olhos são como os açudes [...]. Seus cabelos soltos têm reflexos de púrpura; o rei caiu prisioneiro das suas ondas. Como você me agrada! Ó amor, com suas delícias! Seu porte é como o da palmeira, e os seus seios como cachos de frutos. Eu disse: Subirei à palmeira; eu me apossarei dos seus frutos. Sejam os seus seios como os cachos da videira, o aroma da sua respiração como maçãs, e a sua boca como o melhor vinho... vinho que flui suavemente para o meu amado, escorrendo suavemente sobre os lábios de quem já vai adormecendo. Eu pertenço ao meu amado, e ele me deseja. Venha, meu amado, vamos fugir para o campo, passemos a noite nos povoados. Vamos cedo para as vinhas [...] ali eu lhe darei o meu amor. As mandrágoras exalam o seu perfume, e à nossa porta há todo tipo de frutos finos, secos e frescos, que reservei para você, meu amado (Cânticos 7:1,2,4a,5b,6b,7-13).

Um relacionamento sexual intenso e prazeroso envolve os cinco sentidos! Ao ler a descrição do relacionamento no livro de Cânticos, percebe-se o quanto os cinco sentidos — visão, audição, olfato, paladar e tato — estão envolvidos. Podemos ter liberdade para os explorar com criatividade, satisfazendo-nos mutuamente. Isso envolve uma disposição, preparação e muita conversa, em que cada um expressa o que pensa, sente, quer e de que gosta.

> Um relacionamento sexual intenso e prazeroso envolve os cinco sentidos!

Qual foi a última vez que você deu ao seu cônjuge uma noite, ou um momento, de amor tão inesquecível que ele(a) passou dias suspirando e lembrando dos detalhes?

Se você nunca fez isso, ou se faz muito tempo que não o faz, não perca mais tempo! Faça pela primeira vez ou, se costumava fazer antes, volte a promover esses momentos em seu relacionamento conjugal. O retorno é certo!

O que um casal pode fazer para melhorar a qualidade de sua vida sexual

O aspecto sexual desempenha um papel fundamental na dinâmica de qualquer relacionamento conjugal, sendo uma fonte de intimidade, prazer e conexão emocional. No entanto, é comum que casais enfrentem desafios ao longo do tempo, seja devido à rotina, ao estresse ou às mudanças na vida pessoal. Nesse contexto, a busca por maneiras de melhorar a qualidade da vida sexual torna-se essencial para fortalecer a conexão entre marido e mulher e promover uma relação saudável e satisfatória. Ao explorar diferentes estratégias e práticas, é possível reacender a chama da paixão e revitalizar a vida sexual, permitindo que o casal desfrute de uma conexão mais profunda e gratificante. Vejamos então o que um casal pode fazer para melhorar a qualidade de sua vida sexual.

Ler o livro de cânticos dos cânticos juntos. Isso vai, sem dúvida, inspirar vocês e despertar interesse. É uma boa forma de trazer o tema à mente e aquecer o corpo. É difícil ler uma descrição como a que segue e não pensar no assunto: "Ele me levou ao salão de festas, e ali nós nos entregamos ao amor. Tragam passas para eu recuperar as minhas forças e maçãs para me refrescar, pois estou desmaiando de amor. A sua mão esquerda está debaixo da minha cabeça e a direita me abraça" (Cânticos 2:4–6, NTLH).

Aprender tudo que puder. Ninguém nasce sabendo como ter uma relação sexual prazerosa. Leia livros sobre o assunto e assista vídeos de ministrações, estudos, seminários e palestras que sejam de fontes bem selecionadas, preferindo as médicas e cristãs, elas podem ajudar muito.

> Ninguém nasce sabendo como ter uma relação sexual prazerosa.

Cuidar bem de si mesmo. Isso significa estar bem física, emocional e espiritualmente. Em 1Tessalonicenses 5:23, diz que somos corpo, alma e espírito e tudo está interligado. Estar bem envolve as três áreas. Estar bem consigo mesmo é de suma importância para se entregar por inteiro no relacionamento sexual e ter uma vida sexual intensa e prazerosa. Se você não estiver bem, dificilmente terá prazer em se dar por inteiro e usufruir do relacionamento sexual. Daí ser tão importante cuidar-se de forma integral, valorizar-se e sentir-se valorizado(a), pois, sentir-se assim — valorizado(a), seguro(a) e

> Estar bem envolve as três áreas. Estar bem consigo mesmo é de suma importância para se entregar por inteiro no relacionamento sexual e ter uma vida sexual intensa e prazerosa.

autoconfiante —, refletirá positivamente no relacionamento sexual.

Identificar as necessidades e os gostos do seu cônjuge. O que excita e o que esfria seu cônjuge? O que motiva e o que desmotiva tanto você quanto o outro para o ato sexual? Para isso ter as respostas certas para essas questões é necessário conversar frequentemente sobre a vida sexual, com total liberdade e transparência. E não adianta apenas identificar as necessidades um do outro, é importante empenhar-se para as suprir. Às vezes, achamos que estamos fazendo tanto, mas isso não está suprindo as necessidades do outro.

Homens, pratiquem o autocontrole e não apressem as coisas. O homem chega ao *clímax*, em geral, mais rapidamente. Uma mulher leva, em média, 15 minutos para chegar ao orgasmo. Por isso, é tão importante o tempo de preparação e o momento certo para a penetração. Não vão direto ao "ponto".

Mulheres, superem seus tabus e crenças. Busquem se preparar. É preciso trabalhar bem o que vocês pensam sobre sexo, sobre vocês mesmas e sobre seus maridos. Isso afetará diretamente o ato sexual. Demonstrem mais interesse. Tomem a iniciativa mais vezes. Sejam criativas. Usem sua intuição.

Ter encontros sexuais programados (Provérbios 7:16-18). Preparar corpo, mente e ambiente. Direcionar a mente, pensando sobre o assunto. Criar momentos de privacidade é muito importante. Há fases em que o sexo com hora marcada é o melhor caminho. Programar um final de semana fora, ou mesmo pernoitar em um hotel. Essa passagem de provérbios é bem interessante, pois descreve sobre uma mulher fazendo toda essa preparação para encontrar com seu amado, porém ela não é a esposa, mas a "amante". Infelizmente, isso acontece com frequência, as "amantes" arrumam-se, preparam-se, e as esposas não. E acontece com os homens também, quando os cônjuges é que deveriam ser "amantes" um do outro. Isso precisa ser visto com cuidado e atenção devidos.

Às vezes, ter encontros furtivos, não programados. Não esperem até que todas as condições sejam favoráveis; sejam criativos. Fiquem atentos às oportunidades inesperadas, em hora de almoço, meio da tarde, finais de semana, feriados etc. Sinalize para o outro, convide-o, provoque-o e aproveitem!

Trocar mensagens. Provocantes, sensuais ou mesmo de amor, paixão, saudade e fotos (não comprometedoras). As preliminares não são somente físicas ou no momento do ato sexual. Sinalize para o outro, deixe claro seu desejo e suas intenções. Vocês podem criar códigos só entre os dois para fazer essa sinalização.

Provocar, acendendo o outro e você mesmo, de várias formas. Além das mensagens, trocar olhares, flertar, palavras, toques, um toque escondido sob a mesa... Seduzir um ao outro. A esposa pode pedir para o esposo escolher a roupa íntima para ela usar, inclusive pode comprar uma nova e presentear a esposa (use o bom senso; isso nunca é demais!). Tomar banho juntos; andar de mãos dadas; dançar coladinho; fazer caminhadas; namorar; conquistar etc. A sedução e a conquista devem estar sempre presentes em um relacionamento conjugal, pois são fundamentais. Após o casamento, a tendência é ir deixando de fazer isso. Infelizmente, muitos casais acham que seduzir não é mais necessário. No entanto, a conquista e a sedução se refletem diretamente na vida sexual do casal.

Ter uma playlist. Ouvir suas músicas românticas prediletas, que despertam um desejo e aqueçam para o ato sexual. Motive a você mesmo e ao outro.

Usar artifícios. Óleos, aromas, cremes, roupas íntimas, luzes etc. Explorar os cinco sentidos com criatividade. Descubram novas maneiras de estimular um ao outro. Deem liberdade um ao outro de expressar suas preferências e desejos.

Não deixar um clima sério no momento da relação sexual. A regra é: divirta-se, curta, aproveite. É um tempo para relaxar e descontrair.

Ginástica íntima (contração da musculatura pubiana). É essencial, mas poucos fazem. A região dos órgãos genitais é formada por músculos e, como as outras partes musculares do corpo, precisam ser exercitados para manter a resistência. Com o tempo, vão ficando flácidos e sem força, o que compromete o desempenho e o prazer sexual. Se for praticado diariamente, esse exercício aumentará significativamente o prazer sexual para ambos.

Para identificar essa musculatura e aprender a fazer o exercício, basta interromper o fluxo da urina quando estiver urinando. Faça isso algumas vezes e você saberá como contrair essa musculatura específica. Então, comece a fazer o exercício diariamente, só que, agora, fora do momento em que estiver urinando, pois não é bom interromper a urina frequentemente, sendo essa uma indicação apenas para aprender o exercício. Vá aumentando gradativamente o tempo que mantém a musculatura contraída, até conseguir segurar por 10 segundos. Faça ao menos 60 repetições por dia (3 séries de 20). Ambos os cônjuges. Os homens que fazem esse exercício regularmente conseguem ter uma ereção mais rígida e mantê-la por mais tempo. E as mulheres terão um canal vaginal mais resistente e estreitado, o que aumentará a sensibilidade, possibilitando maior prazer sexual para ambos.

Exercício de aquecimento. Esse é um exercício muito bom que recomendo que todos os casais façam periodicamente. Trata-se de um desafio de um jejum sexual parcial de 3 dias, em que o casal separa 30 minutos, com total privacidade, onde terão uma forma diferente de relacionamento sexual. Os dois devem estar nus e revezar-se, por quatro minutos, tocando-se mutuamente, apenas com carícias leves, por todo o corpo; pode incluir toques na área genital, desde que sejam leves. Depois, durante dois minutos se afastam e deixam de se tocam, mas não podem perder o contato visual; podem conversar. Assim farão essa sequência (4 x 2) cinco vezes, totalizando 30 minutos. E param por aí. Sem penetração e, o mais provável, sem orgasmo. Esse é um exercício muito indicado para casos de ejaculação precoce, porém é excelente também para aquecer o relacionamento, levando o casal a conversar sobre muitas coisas relacionadas à sua vida sexual, além de também permitir o aflorar ou despertar de sensações novas, descobrindo as regiões do corpo etc. Por isso, pode ser usado periodicamente como aquecimento e preliminares. Até a nossa vida sexual tem sido influenciada pelo ritmo acelerado que vivemos. Nesse sentido, esse exercício ajudará o casal a desacelerar e usufruir mais do relacionamento sexual. Se quiserem, podem realizá-lo periodicamente apenas como preliminares.

Surpreender. Ser mais imprevisível (cuidado e bom senso são importantes).

Investir na linguagem de amor de cada um. Qual é mesmo a linguagem de amor do seu cônjuge? E a sua?

Demonstrar interesse pelas coisas pelas quais o outro se interessa. É impressionante o efeito que isso pode ter na motivação para o ato sexual. Quando o outro demonstra interesse pelas coisas que são importantes para mim, eu me sinto valorizado, respeitado, amado, especial, e isso produz reciprocidade. É um efeito "cascata", pois uma coisa vai levando a outra.

Derrubar mitos. Acreditar em alguns mitos sobre relacionamento sexual pode atrapalhar bastante o casal, impedindo-o de ter uma vida sexual plena e prazerosa.

- A frequência tem que ser alta.
- Todas as vezes tem que ser "demais".
- Sexo bom é sempre espontâneo.
- Homem é só visual e mulher só auditiva.
- Apimentar a relação não é coisa para cristãos.
- Esse problema só acontece conosco.

Não esperar ter vontade. Tome a iniciativa e comece a fazer sem um mínimo de vontade, e o desejo irá surgir. Encontre alguma motivação, interna ou externa.

Não depender do outro. Tome a iniciativa para o relacionamento sexual. Não fique esperando pelo cônjuge. Sua atitude leva o outro a agir também. Sua ação diferente produz uma reação. Seu novo comportamento estimula uma nova resposta. Experimente!

Façam o próximo exercício e aproveitem ao máximo esse momento para conversar com toda transparência sobre o relacionamento sexual de vocês.

Exercício para a MULHER

JOGO DA VERDADE

RELACIONAMENTO SEXUAL

Na nossa relação sexual, o carinho de que eu mais gosto é...

_____
_____
_____

Em nossa relação sexual, eu não gosto quando você...

_____
_____
_____

A relação sexual que tivemos e que eu jamais esqueço foi...

_____
_____
_____

Eu gostaria que em nossas relações sexuais houvesse mais...

_____
_____
_____

Uma coisa que eu acho que podemos retirar da nossa vida sexual é...

_____
_____
_____

Eu fico constrangida quando em nossas relações sexuais...

_____
_____
_____

Eu fico excitada quando você...

Eu fico fria quando você...

Eu acho que podemos melhorar nossa vida sexual se...

Eu creio que uma coisa que tem atrapalhado nossa vida sexual é...

Exercício para o **HOMEM**

JOGO DA VERDADE
RELACIONAMENTO SEXUAL

Na nossa relação sexual, o carinho de que eu mais gosto é...

_____
_____
_____

Em nossa relação sexual, eu não gosto quando você...

_____
_____
_____

A relação sexual que tivemos e que eu jamais esqueço foi...

_____
_____
_____

Eu gostaria que em nossas relações sexuais houvesse mais...

_____
_____
_____

Uma coisa que eu acho que podemos retirar da nossa vida sexual é...

_____
_____
_____

Eu fico constrangido quando em nossas relações sexuais...

_____
_____
_____

Eu fico excitado quando você...

Eu fico frio quando você...

Eu acho que podemos melhorar nossa vida sexual se...

Eu creio que uma coisa que tem atrapalhado nossa vida sexual é...

YOUTUBE DA GISELE
@GiseleLima

Aponte seu celular para o QR code e acesse orientações valiosas para fortalecer e revigorar seu relacionamento conjugal.

Formas saudáveis de apimentar a vida sexual
https://www.youtube.com/live/3mTxo2uyXA0?feature=shared

Vale tudo entre quatro paredes?
https://www.youtube.com/live/uL1XAcqNzHY?feature=shared

2 coisas que não podem faltar para uma vida sexual prazerosa
https://www.youtube.com/live/colvs-BQqNU?feature=shared

O que eles mais querem no sexo
https://youtu.be/Y5pzcJOv0Fc?feature=shared

O que elas mais querem no sexo
https://youtu.be/IrChyx90_T4?feature=shared

Como ficar livre da pornografia
https://www.youtube.com/live/F1eV-_7vL2E?feature=shared

Os efeitos da nova pornografia
https://www.youtube.com/live/F1eV-_7vL2E?feature=shared

Como salvar seu casamento após a traição
https://www.youtube.com/live/kS9f7DuZOUM?feature=shared

Atitudes indispensáveis para superar uma traição
https://youtu.be/I1o2tZivfUU?feature=shared

(No canal você encontrará mais outros 3 vídeos que dão continuidade a esse assunto.)

Curso on-line: Infidelidade Superada (Hotmart)
https://hotmart.com/pt-br/marketplace/produtos/infidelidade-superada/F42985547C

ATITUDE 6

PERMITA QUE MILAGRES ACONTEÇAM

O QUE É UM MILAGRE PARA VOCÊ? Você acredita neles? Já presenciou algum milagre? Já experimentou milagres em sua vida? O seu casamento precisa de um milagre? Que significado tem um milagre para você? Será que um milagre é sempre uma manifestação de sinais miraculosos? Será que milagre é algo que podemos permitir ou não?

Ainda que você não tenha feito nada do que foi sugerido até aqui ou, mesmo depois de ter feito, em parte, seu casamento chegou a um ponto em que você acha que precisa de um milagre para o fazer reviver? Então, permita que milagres aconteçam. Na verdade, essa atitude é necessária não apenas para que ocorra um grande milagre de ressurreição, mas também para os pequenos milagres necessários no dia a dia, nas questões que esbarram em nossos limites humanos, e isso inclui, por exemplo, a capacidade para perdoar continuamente.

Jesus olhou para eles e respondeu: "Para o homem é impossível, mas para Deus todas as coisas são possíveis" (Mateus 19:26).

Milagres, sem dúvida, podem ocorrer de forma instantânea, pois o Deus que a Bíblia nos revela é onipotente e tem poder para realizar qualquer milagre da forma que melhor lhe convém. No entanto, se observarmos os vários milagres descritos na Bíblia, realizados por Jesus, perceberemos que, na maioria das vezes, o milagre não acontece automaticamente, mas é um processo que envolve a participação ativa das partes envolvidas e sempre com o propósito de glorificar a Deus.

> Sem fé é impossível agradar a Deus, pois quem dele se aproxima precisa crer que ele existe e que recompensa aqueles que o buscam (Hebreus 11:6).

> Então Jesus disse ao centurião: "Vá! Como você creu, assim lhe acontecerá!". Na mesma hora o seu servo foi curado (Mateus 8:13).

> Voltando-se, Jesus a viu e disse: "Ânimo, filha, a sua fé a curou!". E desde aquele instante a mulher ficou curada (Mateus 9:22).

Crer que Deus existe e que tem todo o poder e, ainda, buscar a presença dele são o primeiro passo para permitir que milagres aconteçam. Creia, faça sua parte e experimente milagres em sua vida e em seu casamento. Vocês poderão viver não apenas uma restauração ou uma reestruturação no relacionamento conjugal, mas algo completamente novo, que nunca foi vivido.

RECONHEÇA QUE PRECISA DE UMA INTERVENÇÃO DIVINA

Um milagre é uma intervenção sobrenatural de Deus. O primeiro passo em direção a um milagre é admitir nossa limitação humana e reconhecer que somos completamente dependentes de Deus. É admitir que temos problemas humanamente insolúveis e que precisamos da intervenção divina. É preciso saber identificar, dentro de um problema, exatamente o que ultrapassa os nossos limites humanos e aquilo que podemos fazer. Precisamos ter clareza do tipo de intervenção que precisamos. É de fato, sobrenatural?

Outro passo em direção a um milagre é identificar o que temos. Nenhuma história é composta somente de fracassos, momentos ruins e decepções. No entanto, quando estamos em uma situação de extrema crise, temos a forte tendência de focar no que não temos ou que gostaríamos de ter. Dessa forma, não conseguimos enxergar aquilo que já está em nossa mão e que, geralmente, é bem mais do que parece.

É muito importante esforçar-se para resgatar memórias, para trazer à memória algo de bom nesse relacionamento, algum ponto forte que possa ser usado por Deus como ponto de partida para a intervenção divina. Conseguir enxergar algo pelo que agradecer, mesmo em meio a maior adversidade, é ter um coração grato. Isso agrada a Deus. Ele deseja que reconheçamos o que temos para entregar a Ele como "matéria-prima" do milagre.

Pare de olhar apenas para o que você não tem. Pegue o que já tem, por menor e mais insignificante que pareça aos seus olhos, e entregue a Deus, confie nele, e Ele fará o que você não tem condições de fazer. Deus é onipotente e não necessita de nada nosso ou de nossa parte para realizar milagres, mas, mesmo assim, Ele quer nos envolver no processo. O Senhor quer ver a nossa atitude humilde, reconhecendo que somos limitados e não conseguimos realizar sozinhos o que precisa ser feito. Ele espera de nós o reconhecimento de sua soberania e grandeza, e que confiemos totalmente nele.

Depender de Deus é muito bom, porque Ele nos criou para nos relacionarmos com Ele. Ele nos ama com um amor incondicional. Deus pode todas as coisas, mas quer participar da nossa vida, pois tem prazer em responder às nossas orações e nos socorrer quando recorremos a Ele pedindo sua ajuda.

Deus deseja que enxerguemos nossa limitação, sim, mas também deseja que vejamos que somos capazes de muitas coisas, que temos muito a oferecer, pois Ele nos fez à sua imagem e semelhança, com potencial para amar e nos relacionar. Ele não quer que apenas dependamos dele, como se Ele fosse um super-herói que aparece como em um passe de mágica e soluciona todos os nossos problemas.

Deus deseja que dependamos dele, mas que sejamos ousados e utilizemos todo o potencial que Ele nos deu para resolver nossos problemas; e, quando a situação ultrapassar todos os nossos limites humanos, Ele estará pronto para intervir e nos socorrer. Ele quer ser o nosso "porto seguro", e não o nosso "super-herói".

Deus não somente instituiu o casamento e nos deu todas as coordenadas para ter um matrimônio bem-sucedido, como também prioriza o casamento, estando sempre pronto a intervir quando, de fato, precisamos que Ele intervenha. No entanto, até para que haja uma intervenção divina é necessário haver uma atitude de nossa parte. Em primeiro lugar, decidindo crer que Ele existe e pode intervir sob qualquer circunstância. É preciso ter fé, quesito básico na vida daqueles que dizem ter convicções cristãs (Hebreus 11:1; 1João 5:4). A fé se fortalece quanto mais próximos de Deus estivermos. Por isso, é fundamental que Ele, ativamente, faça parte da vida de cada cônjuge e do casamento.

Uma questão importante que precisamos aprender sobre a intervenção divina é que temos de aprender a esperar. Talvez, já tenha algum tempo que você clama por uma intervenção divina no seu casamento e está quase deixando de acreditar que Ele fará algo. É necessário reconhecer se, de fato, é algo que carece da intervenção sobrenatural de Deus e, se a resposta for sim, então, continuar crendo, mas sabendo que não será no momento que você quer.

O mais importante é não deixar de crer, não importando o quanto tenha de esperar. Continue fazendo a sua parte, faça tudo

> Deus deseja que dependamos dele, mas que sejamos ousados e utilizemos todo o potencial que Ele nos deu para resolver nossos problemas; e, quando a situação ultrapassar todos os nossos limites humanos, Ele estará pronto para intervir e nos socorrer. Ele quer ser o nosso "porto seguro", e não o nosso "super-herói".

o que for humanamente possível e espere com paciência e fé, pois assim você experimentará o poder de Deus agindo em seu favor e viverá as promessas que Ele tem para seu casamento. Não tenha dúvida de que Ele virá, mas saiba esperar, ainda que não saiba quando o milagre acontecerá.

MILAGRE, GERALMENTE, É UM PROCESSO

No terceiro dia houve um casamento em Caná da Galileia. A mãe de Jesus estava ali; Jesus e seus discípulos também haviam sido convidados para o casamento. Tendo acabado o vinho, a mãe de Jesus lhe disse: "Eles não têm mais vinho". Respondeu Jesus: "Que temos nós em comum, mulher? A minha hora ainda não chegou". Sua mãe disse aos serviçais: "Façam tudo o que ele lhes mandar". [...] Disse Jesus aos serviçais: "Encham os potes com água". E os encheram até à borda. Então lhes disse: "Agora, levem um pouco do vinho ao encarregado da festa". Eles assim o fizeram, e o encarregado da festa provou a água que fora transformada em vinho, sem saber de onde este viera, embora o soubessem os serviçais que haviam tirado a água. Então chamou o noivo e disse: "Todos servem primeiro o melhor vinho e, depois que os convidados já beberam bastante, o vinho inferior é servido; mas você guardou o melhor até agora". Este sinal miraculoso, em Caná da Galileia, foi o primeiro que Jesus realizou. Revelou assim a sua glória, e os seus discípulos creram nele (João 2:1-5,7-11).

Deus não age na nossa urgência, mas da forma e no tempo dele. Quando pensamos em um milagre, geralmente, desejamos que algo aconteça de forma imediata, mas nem sempre será assim. Podemos aprender com essa história que, para que milagres aconteçam, além de crer e buscar a presença de Jesus, obedecer também faz parte do processo. Muitas vezes, os cônjuges querem simplesmente que um milagre aconteça, sem antes seguirem as orientações de Deus. Sem fazer o que precisa ser feito.

A primeira manifestação sobrenatural de Jesus Cristo, ou seu primeiro milagre, ocorreu em um casamento, talvez, demonstrando o quanto Deus valoriza e prioriza o matrimônio. Jesus havia sido convidado para aquela festa e, por Ele estar presente, foi possível que o milagre acontecesse. Porque Jesus Cristo estava presente, Ele pôde intervir, de forma sobrenatural, sobre um problema inesperado, que, aos olhos humanos, não tinha solução.

É importante perceber que, mesmo com a presença de Jesus Cristo em nossa vida e em nosso casamento, as adversidades acontecem. Termos convicções bem definidas sobre a nossa fé em Cristo Jesus não nos dá imunidade contra as dificuldades. Uma vez, Jesus estava no barco com os discípulos e isso não os impediu de serem atingidos por uma terrível tempestade; entretanto, Ele pôde intervir acalmando os ventos.

> Muitas vezes, os cônjuges querem simplesmente que um milagre aconteça, sem antes seguirem as orientações de Deus. Sem fazer o que precisa ser feito.

Como a história em Caná da Galileia, todos nós desejamos ter um casamento de sucesso e planejamos tudo para que isso se torne uma realidade. Tudo estava programado, os encarregados pela festa sabiam o que fazer e tudo parecia estar perfeito, até que aconteceu algo que fugiu ao controle. Um problema humanamente insolúvel surgiu no meio da festa, colocando em risco a felicidade daquele casal e até a reputação da família. Era uma crise grave que poderia causar o fim do casamento.

Naquele casamento em que Jesus estava, o problema inesperado que surgiu foi a falta de vinho. Acabar o vinho no meio de uma festa de casamento, naquela época, era algo grave, pois essa era a bebida que mantinha a alegria durante a festa. Sem vinho, a festa acabaria de forma trágica.

Hoje, da mesma forma, o "vinho" acabou em muitos relacionamentos conjugais. Não há mais alegria ou satisfação em estar juntos. Parece não haver mais esperança, a festa parece ter terminado.

Se Jesus estiver presente em nossa vida, Ele poderá intervir, nas pequenas e nas grandes coisas, sempre que for necessário. Para que isso aconteça, temos de permitir. Jesus não foi chamado apenas depois que o problema estava estabelecido, mas Ele já estava lá; por isso, pôde intervir assim que a adversidade apareceu. Se queremos a intervenção de Jesus em nosso casamento, temos de convidá-lo a fazer parte do nosso casamento, buscar diariamente a sua presença. Que Ele não esteja presente apenas na cerimônia e na festa do casamento, mas que faça parte dele de forma ativa e contínua no dia a dia.

As adversidades são inerentes à vida e, por isso, aparecerão na jornada de todo casal. As tempestades virão sobre todas as casas, e, se necessário, milagres podem acontecer, mas a intervenção de Deus, normalmente, não é unilateral, tem a nossa participação.

Há uma parte que somente Ele pode fazer, mas existe a parte que nos cabe, e Jesus deixou isso claro em muitos dos milagres que realizou.

Antes de ressuscitar Lázaro, Jesus pediu que tirassem a pedra que fechava o sepulcro. Antes de multiplicar os peixes e os pães, Ele pediu que trouxessem o que tinham. E, no casamento em Caná, Ele pediu que trouxessem as talhas e as enchessem de água antes de realizar o milagre. Sempre haverá algo que precisamos fazer e que Deus não fará por nós. Ele só fará aquilo que ultrapassa nosso limite humano e que, realmente, somente Ele pode fazer.

> Deus pode transformar o que temos; mesmo que seja só um corpo sem vida, Ele pode devolver-nos a vida. No entanto, Ele fará isso quando todos os nossos recursos humanos estiverem esgotados.

Deus pode transformar o que temos; mesmo que seja só um corpo sem vida, Ele pode devolver-nos a vida. No entanto, Ele fará isso quando todos os nossos recursos humanos estiverem esgotados. Ele pode fazer qualquer coisa pelo nosso casamento, mas quer ver a nossa disposição e esforço para lutar e persistir, batalhando para preservar a aliança que fizemos um com o outro e com Ele. É necessário desenvolver e cultivar comunhão íntima com Ele para entender o que Ele está fazendo e o que precisamos fazer.

Lá em Caná, quando Jesus pede para que lhe tragam talhas e as encham de água, isso parece não fazer sentido, pois estava faltando vinho, e não água. Em situações adversas, é difícil aguardar o tempo da ação de Deus e é sempre desafiador seguir o que Ele nos pede, porque nem sempre fará muito sentido para nós e muito menos para a sociedade. Contudo, para que o milagre aconteça, é necessário, primeiro, fazer o que Jesus diz. É necessário agir em obediência, seguir as instruções recebidas e obedecer aos mandamentos do Senhor.

Ainda que não entendamos, é preciso crer, obedecer e persistir, agindo de acordo com os princípios que Deus nos deixou. Para que milagres aconteçam em nosso casamento, primeiro, precisamos incorporar os princípios que Ele instituiu para o matrimônio, aplicá-los no dia a dia em nossa união e, se preciso for, Ele transformará água em vinho, multiplicará os pães ou, até mesmo, ressuscitará o que estiver morto.

Viver um casamento de acordo com as instruções de Deus é um grande desafio, pois não faz sentido aos olhos da sociedade. Viver, na prática, os princípios de Deus para o relacionamento conjugal significa agir em desacordo com a sociedade e os valores sociais, e isso tem um preço. No entanto, esse é o caminho do milagre.

Milagres podem acontecer, sim! Eu mesma tenho presenciado alguns e experimentado outros; no entanto, não podemos confundir milagre com mágica. Muitas vezes, passamos anos sem fazer nada que possa contribuir para fortalecer ou preservar o nosso casamento. Não assumimos atitudes que nos possibilitam ter uma união de sucesso. Não seguimos as orientações que Deus nos dá. Muitas vezes, sequer pedimos orientação a Ele ou o consultamos para conduzir a nossa vida. Nesse sentido, estamos querendo que uma mágica aconteça, e não um milagre, por uma intervenção sobrenatural de Deus.

Ao contrário de fazer o que nos cabe, levamos anos destruindo nosso casamento e, depois, queremos que, como em um passe de mágica, em um mês de aconselhamento ou por meio de uma campanha de oração e jejum, uma imposição de mãos, ou de qualquer ritual, de modo sobrenatural, tudo se transforme e seja resolvido.

Isso não vai acontecer! E não é porque Deus não possa fazer, mas é porque não é esse tipo de relação que Ele quer ter conosco. O Senhor quer participar da nossa vida continuamente e que sejamos ativos nessa relação.

Muitos cônjuges dizem que já fizeram tudo o que estava ao seu alcance por seu casamento. Contudo, o que se percebe é que, na verdade, os cônjuges passam anos esperando o dia em que o outro vai fazer alguma coisa ou mudar. Dizem repetidamente: "Quando o outro for assim ou fizer assado", "se o outro deixar de fazer isso ou começar a fazer aquilo, aí sim, tudo se resolverá e ficará bem", "Se o outro não tomar uma atitude ou não mudar, só um milagre (mágica) poderá salvar o nosso casamento".

A maioria dos cônjuges sempre acha que se esforça "ao máximo" e que faz tudo o que pode para que o casamento seja bem-sucedido e, geralmente, responsabiliza "o outro", tanto pelo insucesso quanto pela solução dos problemas. Entretanto, em grande parte dos casos, o que se observa é que, na verdade, os dois têm feito pouco para o sucesso de seu casamento. Isso, considerando as atitudes aqui sugeridas como fundamentais para se conquistar um casamento de sucesso.

O que, de fato, percebe-se é que os cônjuges não têm suas convicções bem definidas e, por isso, não vivem os princípios originais do casamento. Observa-se que, por falta de uma comunicação eficaz, compreensão das diferenças pessoais e falta de disposição para perdoar, os conflitos não são resolvidos, fazendo que as frustrações, decepções e mágoas se acumulem, levando ao desânimo. E, ainda, o ponto principal é que seu casamento nunca esteve no topo da lista de prioridade; ao contrário, sempre esteve no final.

A restauração ou reestruturação de um casamento desgastado por falta de atitudes diárias não é um processo rápido, nem simples. E não se trata, na maioria dos casos, da necessidade de um milagre, havendo muito para se fazer anteriormente à intervenção sobrenatural. Antes de o milagre acontecer, é preciso escolher crer, obedecer e incorporar os princípios de Deus, submeter-se à

Palavra de Deus e ao seu Espírito Santo para reprogramar a conduta. Colocar o relacionamento conjugal no topo da lista de prioridades e mantê-lo lá.

Antes de um milagre, também é necessário investir em conhecer as diferenças um do outro, para compreendê-las, cultivar uma comunicação eficaz e praticar o perdão no padrão de Deus e, assim, resolver os conflitos de forma assertiva. Além disso, é urgente que se valorize, intencionalmente, o relacionamento sexual. Essas atitudes são justamente a parte que nos cabe. Significam o "tirar a pedra", o "encher as talhas de água" ou "trazer os pães e os peixes".

Fazendo primeiro "tudo" o que podemos fazer, se necessário for, Deus ainda fará milagres. Esse "tudo" é justamente ter as atitudes descritas anteriormente. É fazendo a nossa parte que permitimos que milagres aconteçam. E que "EU" faça a minha parte, independentemente do outro. "EU" tenho que decidir, "EU" tenho que agir, "EU" tenho que continuar agindo. Se ambos fizerem isso, não há como não ter um casamento de sucesso e, certamente, não será necessário um "milagre".

Os milagres acontecerão diariamente em nossa vida e em nosso casamento, quando aceitarmos a graça, o amor e o perdão de Deus em nossa vida. Quando isso acontecer de forma genuína, o maior milagre terá acontecido, que é o da transformação de vida, o milagre da troca de um coração de pedra por um coração de "carne"; terá sido destruída a dureza do nosso coração, permitindo que pequenos milagres aconteçam todos os dias em nosso relacionamento conjugal. Milagres como aceitar o outro da forma como ele é, de perdoá-lo continuamente, de amá-lo como Cristo o ama.

A quantidade do vinho novo, no milagre que Jesus fez no casamento, dependeu da quantidade de água colocada nas talhas;

> A restauração ou reestruturação de um casamento desgastado por falta de atitudes diárias não é um processo rápido, nem simples. E não se trata, na maioria dos casos, da necessidade de um milagre, havendo muito para se fazer anteriormente à intervenção sobrenatural.

foi a água derramada nas talhas que foi transformada em vinho. Podemos entender que, da mesma forma, quanto mais nos enchermos da Palavra de Deus e de seu Espírito, maior quantidade de vinho novo Ele poderá produzir em nós. Primeiro temos de estar com as "talhas" bem cheias para que Jesus possa transformar o conteúdo delas em algo completamente novo e muito melhor do que aquilo que tínhamos antes. Ele pode fazer isso no seu casamento. Você e seu cônjuge poderão viver algo completamente novo, que nunca haviam vivido.

Uma última observação relevante sobre os milagres de Jesus é que alguns deles Ele realiza antes mesmo do nosso conhecimento. Ocorre de recebermos muitos milagres sem que sequer tenhamos conhecimento deles. Foi isso que aconteceu quanto ao milagre realizado no casamento em Caná, pois Jesus resolveu o problema antes mesmo de ele se tornar evidentee chegar ao conhecimento dos noivos. Cabe mencionar aqui que precisamos ser gratos a Deus por tantos milagres que recebemos sem que, ao menos, tivéssemos consciência do que estava acontecendo. Há, porém, alguns milagres que Jesus realiza na hora ou no último minuto e ficamos maravilhados. Assim Ele fez na multiplicação dos pães. Entretanto, há muitos milagres que Ele realiza depois.

Muitas vezes, Deus só chega "depois" para realizar um milagre. Foi assim no caso da ressurreição de Lázaro (João 11:34-45), da filha de Jairo (Lucas 8:49-55) e do filho da viúva de Naim (1Reis 17:20-23). Talvez esse seja o seu caso. Se Ele vem depois, não significa que Ele não ame você ou que não se importe com o que lhe causa dor e sofrimento. Ele amava muito seu amigo Lázaro.

Em nosso coração, queremos que Deus aja sempre antes ou na hora. Desejamos que Ele sempre venha na hora exata, realize um milagre e entre com a provisão. Entretanto, muitas vezes, Deus só se manifesta "depois" de as coisas terem aparentemente dado errado.

Os maiores milagres que Jesus realizou foram aqueles em que Ele chegou depois, quando tudo parecia acabado e não havia mais qualquer esperança. Quando parece não haver mais nada a ser feito, humanamente falando, o Senhor vem e faz o que só Ele pode fazer. É interessante notar que Deus seguia essa forma de agir, vindo em socorro de alguém quando a fé dessa pessoa já estava abalada e elas estavam quase sucumbindo e deixando de crer. É provável que esse *modus operandi* seja para testar a fé, com vistas a aprovar.

Talvez, essa seja exatamente a forma que Deus escolheu para lidar com a sua situação no momento. Então, minha palavra de encorajamento para você é: tenha fé; continue firme, confiando e obedecendo. Ele virá! O nosso Deus é Deus de aliança, que faz promessas e cumpre todas elas. Ele é Deus que está perto. Se buscá-lo, o encontrará. A partir de uma convicção cristã bem definida, acredita-se que, mesmo quando todos os recursos humanos esgotarem, ainda se pode contar com a intervenção sobrenatural de Deus. Ter convicção de que Ele poderá, não somente restaurar, mas fazer algo completamente novo traz esperança e força para superar as adversidades e preservar a aliança que fizemos.

> Ter convicção de que Ele poderá, não somente restaurar, mas fazer algo completamente novo traz esperança e força para superar as adversidades e preservar a aliança que fizemos.

É importante ressaltar que uma vida de oração e comunhão com Ele faz toda a diferença. A Bíblia diz que: "A oração de um justo muito pode em seus efeitos", e Ele jamais deixa de ouvir e responder ao clamor daqueles que O buscam. Nunca deixe de crer no Senhor e clamar a Ele. Ore constantemente por seu cônjuge e com seu cônjuge, e milagres acontecerão em todas as áreas onde forem necessários: "[...] tudo que pedirdes em oração, crendo, recebereis" (Mateus 21:22; leia também Salmos 102:17; Tiago 5:16b; Colossenses 4:2; 1Tessalonicenses 5:17).

E, por fim, o que mais importa é que, se experimentamos milagres, seja de que forma for, sempre existirá um propósito maior do que apenas abençoar somente nosso casamento e nossa família. Uma intervenção divina nunca se restringirá apenas a nós, mas sempre será para que muitos conheçam Jesus e vejam a glória dele. Sempre será para abençoar outros.

    A partir do que Deus faz em nós e em nosso casamento, muitos podem ser abençoados e, também, experimentar milagres. Portanto, se você foi abençoado com um milagre, reparta o que recebeu. Permita que a glória de Deus seja vista a partir da sua vida, do seu casamento e da sua família.

Exercício para a **MULHER**

EXERCÍCIO FINAL

O que tenho descoberto

Sobre mim?

Sobre o meu cônjuge?

Sobre o nosso relacionamento conjugal?

Exercício para o **HOMEM**

EXERCÍCIO FINAL

O que tenho descoberto

Sobre mim?

Sobre o meu cônjuge?

Sobre o nosso relacionamento conjugal?

CONCLUSÃO

UM CASAMENTO DE SUCESSO, de acordo com a visão apresentada neste livro, é um casamento sólido, satisfatório e duradouro, capaz de passar por alegrias e tristezas, saúde e doenças, abundância e escassez, fortalecer-se com as experiências e, assim, permanecer bem até que a morte os separe. Esse casamento pode parecer utopia aos olhos da sociedade atual, mas é bem possível de ser vivenciado quando os cônjuges assumem atitudes diárias que possibilitam tal conquista.

O conteúdo aqui apresentado representa um caminho plenamente possível para se alcançar esse casamento de sucesso em que ambos os cônjuges estejam satisfeitos, independentemente das circunstâncias. Um caminho para uma relação sólida o bastante e capaz de levar o casal a superar juntos as adversidades da vida e permanecer firmes na dupla aliança que fizeram. Não é estar bem o tempo todo, mas crescer e amadurecer juntos, com as dificuldades e apesar delas.

Para alcançar esse casamento de sucesso, é necessário entrar por esse caminho e permanecer nele de forma intencional, assumindo as seis atitudes aqui descritas. O resultado depende de cada casal. Infelizmente, alguns nem chegam a entrar neste caminho devido à descrença, por acharem que não é possível para eles. Outros entram, mas não permanecem nele, por acharem difícil demais. Entretanto, há casais que entendem a caminhada proposta e decidem entrar nesse caminho e seguir nele, empenhando-se para aplicar no dia a dia as atitudes compartilhadas nesta obra.

Em minha prática no atendimento a casais, é possível lidar com essas três situações. Diante de uma mesma condução no atendimento, tenho visto casais com problemas seríssimos, mas que, ao se disporem a entrar e permanecer nesse caminho, conseguem construir juntos algo novo e ter um casamento de sucesso. Por outro lado, vejo casais com problemas simples desistindo, abrindo mão de seu cônjuge e sua família por não estarem dispostos a assumir as atitudes fundamentais para serem bem-sucedidos em seu casamento.

Tenho presenciado casais que passaram a viver um casamento de sucesso ao:

- Definirem melhor suas convicções e viverem um relacionamento pessoal com Deus de forma genuína, buscando a Ele juntos e, assim, empenhando-se para incorporar os princípios originais do casamento.
- Também colocar um ao outro e seu relacionamento no topo da lista de prioridades e mantê-lo sempre lá.
- Resolverem os conflitos, por compreenderem as diferenças, por desenvolverem uma comunicação eficaz e por praticarem o perdão no padrão de Deus.
- Valorizarem seu relacionamento sexual, passando a investir mais nessa área.
- Por fim, ao permitirem a intervenção sobrenatural de Deus naquilo que ultrapassa os recursos humanos, experimentando assim milagres.

Tenho realmente visto Deus realizar grandes milagres na vida daqueles que creem e fazem a sua parte. A experiência, tanto pessoal quanto profissional, tem mostrado e confirmado que sempre é uma questão de intencionalidade. Um terapeuta e um conselheiro espiritual podem sugerir a diversos casais a mesma "prescrição" ou mostrar o mesmo caminho para a solução ou para a "cura". No entanto, o sucesso ou o fracasso depende de como cada um irá

CONCLUSÃO

agir. O sucesso partirá de uma decisão pessoal e, em seguida, da ação de assumir atitudes, fazer o que é preciso, aplicar o que foi "prescrito". Além disso, o sucesso depende ainda da determinação e do empenho para permanecer agindo e fazendo o que precisa ser feito, todos os dias.

Aqueles que têm convicções cristãs bem definidas ainda podem contar com a fé como a certeza daquilo que esperamos e a prova das coisas que não vemos. Pela fé entendemos que o universo foi formado pela Palavra de Deus, de modo que o que se vê não foi feito do que é visível (Hebreus 11:3). Pela fé, podemos ter convicção de que, mesmo quando todos os recursos humanos acabarem, há alguém que pode realizar o impossível e fazer tudo novo, e esse alguém está perto e pronto a intervir se permitirmos.

O meu desejo é que este conteúdo possa ajudar você e seu cônjuge a:

- Definirem suas convicções.
- Incorporarem os princípios originais do casamento.
- Priorizarem a coisa certa.
- Resolverem os conflitos.
- Passarem a valorizar mais o seu relacionamento sexual.
- Permitirem a intervenção sobrenatural de Deus na vida e no casamento de vocês.

Que, dessa forma, você e seu cônjuge conquistem um casamento de sucesso, que permaneça firme para sempre e no qual ambos estejam satisfeitos, apaixonados e realizados.

Que a graça de Deus seja sempre abundante sobre o seu lar. Que Deus faça algo completamente novo em sua vida conjugal, de tal modo que venha a impactar todos ao seu redor e de sua família. Que a glória de Deus se manifeste no casamento de vocês e seja vista por muitas outras famílias e refletida para milhares. Que o seu casamento possa inspirar gerações. Esse é o desejo mais profundo em meu coração.

FONTES CONSULTADAS E OUTRAS SUGESTÕES DE LEITURA

Para compor *Casamento de sucesso*, exploramos uma variedade de fontes confiáveis e oferecemos sugestões de leitura abrangentes para enriquecer sua compreensão sobre o amor, o compromisso e a arte de construir uma parceria duradoura. Desde conselhos práticos até reflexões profundas, estas fontes consultadas e sugestões de leitura foram cuidadosamente selecionadas para inspirar e fortalecer seu casamento, independentemente de qual estágio você esteja enfrentando.

ABOUD, Michael. *21 decisões para transformar sua vida*. Balneario Camboriu, SC: New Life, 2013.

BORGES, Marcos de S. *A face oculta do amor: desmascarando o espírito de sensualidade*. Almirante Tamandaré, PR: Jocum Brasil, 2011.

CHAN, Francis; CHAN, Lisa. *Você e eu para sempre: a casamento à luz da eternidade*. São Paulo: Mundo Cristão, 2016.

CHAPMAN, Gary. *As cinco linguagens do amor: como expressar um compromisso de amor a seu cônjuge*. São Paulo: Mundo Cristão, 2006.

_____. *As quatro estações do casamento*. São Paulo: Mundo Cristão, 2006.

_____. *Casados e ainda apaixonados: alegrias e desafios na segunda metade da vida*. São Paulo: Mundo cristão, 2017.

_____. *Como lidar com a sogra, e sogro, cunhados, genros, noras...* São Paulo: Mundo Cristão, 2009.

_____. *Fazer amor: como fazer do sexo um ato de amor*. São Paulo: Mundo Cristão, 2010.

CHAPMAN, Gary; THOMAS, Jennifer M. *As cinco linguagens do perdão*. São Paulo: Mundo Cristão, 2007.

_____. *Zero a zero: como resolver os conflitos no casamento sem terminar a relação*. São Paulo: Mundo Cristão, 2008.

CUNNION, Jeannie. *Pais amorosos, filhos felizes*. Rio de Janeiro: Thomas Nelson Brasil, 2015.

DOMINGOS, Reinaldo. *Terapia financeira: realize seus sonhos com educação financeira*. São Paulo: DSOP Educação financeira, 2012.

DRESCHER, John. *As sete necessidades básicas da criança*. 3. ed. São Paulo: Mundo Cristão, 2013.

EGGERICHS, Emerson. *Amor e respeito: o que ela mais deseja, o que ele mais precisa*. São Paulo: Mundo Cristão, 2008.

GONÇALVES, Josué. *104 erros que um casal não pode cometer*. Bragança Paulista, SP: Mensagem Para Todos, 2014.

GRAY, John. *Marte e Vênus apaixonados: histórias comoventes e inspiradoras de relacionamentos que dão certo*. Rio de Janeiro: Rocco, 1999.

KANITZ, Stephen. *A família acima de tudo: descubra o verdadeiro valor das pessoas mais importantes de sua vida*. Rio de Janeiro: Thomas Nelson Brasil, 2009.

KELLY, Matthew. *Os sete níveis da intimidade: a arte de amar e a alegria de ser amado*. Rio de Janeiro: Sextante, 2007.

KEMP, Jaime. *Forças destruidoras da família: a sobrevivência da família na pós-modernidade*. São Paulo: Vida, 2012.

KEMP, Jaime; KEMP, Judith. *Devocional para casais: reflexões para uma vida a dois*. São Paulo: Hagnos, 2002.

KENDRICK, Stephen; KENDRICK, Alex. *O desafio de amar*. São Paulo: BV Films, 2009.

LAHAYE, Tim; LAHAYE, Beverly. *O que o ato conjugal significa para a mulher*. Curitiba, PR: Betânia, 2008.

_____. *O que o ato conjugal significa para o homem*. Curitiba, PR: Betânia, 2008.

LOPES, Hernandes Dias. *Casamento, divórcio e novo casamento*. São Paulo: Hagnos, 2005.

PARSONS, Rob. *60 minutos para renovar seu casamento*. Curitiba, PR: Betânia, 2002.

PIMENTEL, Elizabeth. *O poder da palavra dos pais: nós avaliamos pouco o que falamos*. São Paulo: Hagnos, 2006.

POLI, Cris. *Atenção! Tem gente influenciando seus filhos*. São Paulo: Mundo Cristão, 2016.

SHOOK, Kerry; SHOOK, Chris. *Um mês para viver: trinta dias para uma vida sem arrependimentos*. São Paulo: Mundo Cristão, 2008.

SOLONCA, Paulo; SOLONCA, Noemia. *Discipulando casais: bons relacionamentos não acontecem por acaso...* Americana, SP: SOCEP Editora, 2008.

STOOP, David. *Buscando Deus juntos: a intimidade espiritual no casamento*. Rio de Janeiro: Textus, 2001.

SUBIRÁ, Luciano. *O propósito da família*: a importância da visão familiar na relação com Deus. Curitiba, PR: Orvalho.com.

TITUS, Devi. *A experiência da mesa: o segredo para criar relacionamentos profundos*. São Paulo: Mundo Cristão, 2013.

ZIGLAIR, Zig. *Namorados para sempre: como fazer de seu casamento um eterno romance*. São Paulo: Vida, 2004.

ZIMMERMANN, Giovani Luís. *Família: a casa do oleiro*. São Paulo: Fôlego, 2008.

Outras sugestões de leitura publicadas pela Editora Hagnos:

ÁLVAREZ, Juan Varela; MOLINA, M. Mar. *Segredos do casamento saudável*. São Paulo: Editora Hagnos, 2012.

LOPES, Hernandes Dias. *Casamento, divórcio e novo casamento*. São Paulo: Editora Hagnos, 2005.

GEORGE, Jim; GEORGE, Elizabeth. *Um casal segundo o coração de Deus: edificando um casamento duradouro e amoroso*. São Paulo: Editora Hagnos, 2012.

KEMP, Jaime. *A arte de permanecer casado: guia seguro para quem deseja salvar seu casamento*. São Paulo: Editora Hagnos, 2007.

KEMP, Jaime. *Eu amo você: namoro, noivado, casamento e sexo*. São Paulo: Editora Hagnos, 2013.

_____; KEMP, Judith. *Devocional para casais: reflexões para uma vida a dois*. São Paulo: Editora Hagnos, 2002.

MARINHO, Darrell; MARINHO, Márcia. *#Fica a dica: 100 atitudes que podem mudar o dia a dia do sexo no seu casamento*. São Paulo: Editora Hagnos, 2017.

_____. *#Fica a Dica: 100 atitudes que podem mudar o dia a dia do seu casamento*. São Paulo: Editora Hagnos, 2017.

MERKH, David J. *Cantares para casais: princípios práticos para um casamento alicerçado na Palavra*. São Paulo: Editora Hagnos, 2022.

_____. *Lar, família & casamento: fundamentos, desafios e estudo bíblico-teológico prático para líderes, conselheiros e casais*. São Paulo: Editora Hagnos, 2019.

_____; MERKH, Carol Sue. *15 lições para transformar seu casamento: fundamentos para a construção de uma forte família debaixo da graça*. São Paulo: Editora Hagnos, 2013.

SOBRE A AUTORA

GISELE LIMA é alguém que acredita que todos têm o potencial para viver um casamento de sucesso em uma aliança indissolúvel. Casou-se em 1987, aos 17 anos, com Neymar Lima, de 19 anos. Em meio a diversos desafios e fortes crises conjugais, manteve-se firme em sua convicção de um casamento de sucesso, buscou recursos e decidiu adotar novas atitudes para alcançar essa meta. Hoje, com mais de três décadas de casamento, tem dois filhos já casados e desfruta de um casamento acima da média. Há mais de vintes anos, tem ajudado casais a encontrar o caminho para um casamento bem-sucedido.

Psicóloga, especialista em análise do comportamento e master coach, mudou-se para os EUA em 2013, onde completou seu doutorado em aconselhamento clínico.

Sempre foi bastante ativa na vida ministerial, trabalhando na área de ensino e aconselhamento, junto com seu esposo.

O livro *Casamento de sucesso* é o resultado de mais de 15 anos de experiência como terapeuta de casais.

Desde 2020, Gisele Lima iniciou projetos nas mídias sociais, produzindo conteúdos em que compartilha seu conhecimento e experiência pessoais, ministeriais e profissionais, através de seu canal no YouTube (GiseleLima), Instagram (drgiselelima), Facebook (docgiselelima) e TikTok (drgiselelima), e obteve um resultado excepcional, com um crescimento rápido e surpreendente. Atualmente (2024), com 240 mil seguidores no Instagram e 132 mil no TikTok, tem um alcance de mais de 3 milhões de pessoas por mês — métricas que continuam subindo diariamente com rapidez.

Sua opinião é importante para nós.

Por gentileza, envie-nos seus comentários pelo e-mail:

editorial@hagnos.com.br

Visite nosso site:

www.hagnos.com.br